Échos
de deux
générations

Données de catalogage avant publication (Canada)

Lacroix, Benoît
  Échos de deux générations

1. Relations entre générations - Québec (Province).
2. Personnes âgées - Québec (Province).
3. Jeunes femmes - Québec (Province).
4. Valeurs (Philosophie) - Québec (Province).
5. Québec (Province) - Civilisation - 20ᵉ siècle.
I. Giroux, Sophie. II. Titre.

HN110.Z9158 1996 305.2'09714 C96-941014-X

Dépôt légal: 4ᵉ trimestre 1996
Bibliothèque nationale du Québec

ISBN 2-8904-4564-X

DISTRIBUTEURS EXCLUSIFS:

• Pour le Canada et les États-Unis:
  LES MESSAGERIES ADP*
  955, rue Amherst
  Montréal, Québec
  H2L 3K4
  Tél.: (514) 523-1182
  Télécopieur: (514) 939-0406
  * Filiale de Sogides ltée

• Pour la Belgique et le Luxembourg:
  PRESSES DE BELGIQUE S.A.
  Boulevard de l'Europe 117
  B-1301 Wavre
  Tél.: (10) 41-59-66
        (10) 41-78-50
  Télécopieur: (10) 41-20-24

• Pour la Suisse:
  TRANSAT S.A.
  Route des Jeunes, 4 Ter
  C.P. 125
  1211 Genève 26
  Tél.: (41-22) 342-77-40
  Télécopieur: (41-22) 343-46-46

• Pour la France et les autres pays:
  INTER FORUM
  Immeuble Paryseine, 3 Allée de la Seine
  94854 Ivry Cedex
  Tél.: (1) 49-59-11-89/91
  Télécopieur: (1) 49-59-11-96
  Commandes: Tél.: (16) 38-32-71-00
                Télécopieur: (16) 38-32-71-28

SOPHIE GIROUX
et
BENOÎT LACROIX

Échos
de deux
générations

le jour,
éditeur

À tous ceux qui veulent comprendre les gens qui les ont précédés, ceux qui les suivent et ceux qui sont.

Remerciements

Écrire un livre nécessite que des personnes croient au projet. Mais aussi, et surtout, du soutien, de l'amour et de la compréhension de ceux qui nous entourent.

Alors, Sophie Giroux offre des mercis affectueux à:

Benoît Lacroix, pour avoir chaleureusement accepté, en me connaissant si peu, d'écrire ce livre «à quatre mains...».

Andréanne, ma fille, pour avoir accepté que maman soit moins présente et pour avoir aidé, à ta façon, à faire naître ce livre.

Serge, mon tendre amour, pour ton encouragement constant quand j'aurais tout abandonné, pour ta compréhension quand je vivais mes angoisses existentielles de nouvel écrivain et pour l'amour dont tu sais si bien m'entourer. Ta «Biche» y est arrivée, et c'est en grande partie grâce à toi.

Raymonde, ma mère, pour ton soutien affectueux et pour ton aide pour les repas et le ménage. Cela m'a permis de pouvoir écrire. Merci aussi pour m'avoir aimée si fort. Grâce à toi, la vie a toujours été plus belle.

Mon père, pour tous les livres qui ont traîné dans la maison quand j'étais petite.

Gisèle Roy, pour avoir déchiffré et mis sur traitement de texte ces hiéroglyphes qu'étaient mes écrits. Merci pour ton inlassable patience et ton écoute attentive.

André Lacroix, mon beau-père, pour les judicieux conseils concernant le manuscrit.

André Raymond, pour le coup de pouce du destin que tu m'as donné, pour avoir cru à mes rêves.

Ma famille et mes amis, pour avoir pris des nouvelles de ce livre et pour m'avoir encouragée à ne pas lâcher. Vos questions m'ont sans cesse stimulée.

L'équipe de Parole et Vie, Lise, Roland, Jeannine, Michael et Pierre, vous m'êtes précieux!

Au plus beau pays au monde, la France, qui m'a toujours inspirée et encore plus pendant que j'écrivais ce livre.

À toi, bébé, qui s'est annoncé à la fin de la rédaction de ce livre, en plus de réaliser un rêve qui m'était cher, tu vas, à ton arrivée, créer des solidarités nouvelles.

Et merci à Celui qui nous a créés pour créer.

Première partie

Les présentations

Le mot de Sophie

Que peut-il bien résulter de la rencontre de deux êtres, un prêtre et une enseignante, qui viennent de milieux différents et que tout semble éloigner? Quand ces deux êtres que cinquante années séparent se mettent à parler de thèmes comme le sacré, la vie, la liberté, les souvenirs, le bonheur, l'amour, l'amitié et les rêves, cela peut devenir un doux affrontement, un contraste culturel intéressant! Quand tout semble nous éloigner, est-il possible de trouver des terrains d'entente? C'est l'expérience que nous avons tentée.

Je connaissais à peine Benoît Lacroix. Je savais qu'il participait à l'émission *Parole et Vie* au réseau communautaire de Montréal, émission dans laquelle je tiens la chronique des livres. Mais nous ne nous étions jamais rencontrés. J'avais lu quelques-uns de ses ouvrages et vu aussi qu'il en avait préfacé beaucoup d'autres. Benoît Lacroix, à qui Le Jour, éditeur avait demandé un livre, leur avait rétorqué malicieusement: «Trouvez-moi une jeune femme de 30 ans, charmante et gentille, avec qui je pourrais avoir des affrontements intelligents, et vous l'aurez, votre livre!» On m'a parlé du projet et j'ai accepté. Ce fut alors le début de mon aventure littéraire. Lors d'une rencontre avec l'éditeur, j'ai fait la connaissance de Benoît Lacroix, puis après quelques rencontres dans ses quartiers au couvent des Dominicains, nous avons décidé, Benoît et moi, de faire équipe ensemble.

Lorsque j'ai annoncé à mes proches que j'entreprenais la rédaction d'un livre avec lui, certains m'ont lancé: «Quoi? Benoît Lacroix, le dominicain!» À ce moment-là, j'avoue que j'ai eu peur. Qu'est-ce que j'avais à dire à côté de ce monument!? Cependant, l'aventure continuait à me plaire. La vie m'offrait un réel privilège!

M. Lacroix et moi avons décidé de faire ce livre sous la forme d'un dialogue entre deux personnes qui essaient de se trouver des valeurs communes. Mais, chose importante, nous devions nous amuser. J'ai craint, à un certain moment, d'avoir affaire à un prêtre qui semble avoir toujours raison. Au début, après avoir rencontré Benoît Lacroix, j'avais encore quelques appréhensions. Qui était réellement cet homme qui avait dit lors de la fête organisée pour ses 80 ans, devant des centaines de personnes, que dominicain est encore son plus beau titre de gloire? Qu'il est entré en religion pour avoir le centuple? Et que les Dominicains ne sont pas forts sur l'humilité, mais sur la Vérité! Mais j'ai quand même décidé de poursuivre l'aventure.

Je suis née un peu après la Révolution tranquille. Mes propos sont donc ceux de ma génération. Je ne suis pas une *baby-boomer*. Par contre, tout comme eux, j'ai grandi en regardant les émissions pour enfants de Radio-Canada: *Bobino et Bobinette*, *La Souris verte*, *Fanfreluche* et les personnages de *La Ribouldingue* m'ont laissé des souvenirs inaltérables. Je jouais à cachette, je sautais à la corde et je m'amusais dehors, car ma mère m'obligeait à y aller — merci maman! Combien de fois, l'hiver, ai-je dû décoller la langue d'une de mes amies qui voulait «goûter la neige» sur une clôture Frost! C'était le temps où les hivers québécois laissaient derrière eux vingt pieds de neige — ce n'était pas encore l'ère du système métrique! — et où la vie s'arrêtait quelquefois pendant trois jours à cause des tempêtes. Quelle belle vie que tout cela, quelle belle enfance avons-nous vécue! Nous écoutions *Quelle famille* le dimanche soir, et la vie semblait pleine de promesses.

Ma génération semble être la dernière à profiter du peu d'abondance que nos prédécesseurs nous ont laissé. Nous connaissons de plus en plus la précarité de l'emploi et nous vivons sans filet en ne sachant pas si nous aurons des allocations de retraite plus tard. Nous faisons des enfants en nous posant des questions sur leur avenir, mais avec l'espoir que tout s'arrangera.

L'instabilité règne dans les relations interpersonnelles. Nous nous questionnons sur le sens à donner à notre vie. Nous nous demandons où sont passées les valeurs traditionnelles, en faisant de timides tentatives pour y revenir, d'où la popularité du cocooning. Voilà pour ma génération.

Et maintenant, qu'est-ce qui nous attend, M. Lacroix et moi, nous qui nous disions à la blague que nous formions un drôle de couple: une fille de cégep et un gars du cours classique. Je souhaite que cet affrontement entre deux générations soit beaucoup plus doux que douloureux. Puissent ces pages vous toucher, mais puissent-elles aussi vous faire sourire.

CHAPITRE 2

Et celui de Benoît

L'idée d'écrire est fascinante en soi. Depuis un certain temps, ceux et celles qui me demandent d'écrire mes Mémoires — à 80 ans, c'est possible — reçoivent inévitablement la même réponse, celle du célèbre maréchal Pétain, qui, après avoir été un héros militaire incontesté, est devenu pour la France un triste homme politique: «Écrire mes Mémoires? Non! Je n'ai rien à cacher!»

Je sais que j'ai à mon acquis — vanité des vanités! — plus d'une trentaine de livres, dont quelques-uns ont même paru en France, oh! là! là! et dont certains sont épuisés. Mes livres n'ont pas tous été lus, alors, et sans paranoïa à l'horizon, j'avais humblement *(sic!)* décidé de ne plus jamais écrire. Or, je travaille encore à trois livres, dont celui-ci...

Tout cela pour avouer orgueilleusement ou humblement encore — je ne sais plus! — que c'est avec crainte que j'accepte de vivre avec vous, lecteurs et lectrices, lectrices ou lecteurs à votre préférence, une aventure au sens propre du mot.

Une aventure? Oui! Celle de partager mille propos à la fois légers et sérieux avec une «étrangère», une Moabite, dirait mon confrère exégète qui connaît bien la Genèse, et ce, tout bonnement, sans censure.

Il s'agit de savoir ce que signifie pour un octogénaire, issu d'un milieu rural, clerc en plus, enfant d'une Église assez malmenée, le sacré vécu au quotidien, dans un collège dirigé par des prêtres catholiques, célibataires et, selon certains, refoulés. De plus, je suis rattaché à une communauté médiévale fondée en 1216, qui a «flirté» avec l'Inquisition.

Suis-je téméraire? Naïf? Oui, j'avoue avoir eu peur lorsque j'ai appris de mes éditeurs que l'«étrangère» que j'avais souhaité qu'ils me trouvent, avait effectivement 30 ans. J'en ai 80! Il y aurait enfin, paraît-il, un duel ouvert de générations montantes et... descendantes.

Heureusement, c'est du su et du connu que je suis un homme qui trouve dans les femmes de tous les âges un partenariat, sinon des amitiés irremplaçables. Nous y reviendrons sûrement. À mon âge, on se répète. Donc, je reprends mon scénario. J'ai craint que mes propos deviennent vite superficiels et qu'ils donnent prise à ceux et à celles qui verraient, dans ces pages ouvertes aux grands espaces de la vie, un attachement démesuré à cette jeune femme pétillante de vitalité et de générosité. Mais ça, c'est leur affaire.

J'ai confiance en Sophie, mais je redoute malgré moi le voyeurisme du *Big Power* médiatique. Je ne voudrais surtout pas, par mes mots et mes espiègleries verbales, trahir ou heurter des gens que j'aime et une Église que je vénère comme une sage aïeule.

J'espère qu'en adoptant un genre littéraire subjectiviste, celui de *l'échange intime,* je ne m'égarerai pas dans des propos paternalistes à l'excès jusqu'à faire croire à Sophie qu'elle a toujours raison. «On verra bien», m'a-t-elle répondu d'un ton décidé.

Quand, sous la surveillance attentive et à l'invitation de mes éditeurs, j'ai rencontré Sophie Giroux pour la première fois, je me suis senti à l'aise. Tout de suite. Ce qui me fascine, ce n'est pas seulement sa personnalité — quelle spontanéité réfléchie! — mais la franchise qu'elle suscite. Cinquante ans nous séparent. Au-delà de l'âge, réussirons-nous à effacer ou plutôt à faire oublier le temps qui nous sépare? C'est sûrement souhaitable. «À 30 ans, on peut encore changer d'idée», me dites-vous avec vos yeux moqueurs et j'appréhende déjà votre conclusion: «À 80 ans, c'est trop tard!»

Je rêve d'avoir une conversation adulte et même de me faire corriger au besoin. «Mais, madame, gare à la réplique!» J'ai étudié la logique d'Aristote et la rhétorique de Cicéron. Et dans le texte, s'il vous plaît! Certains de mes ancêtres et de mes confrères actuels, frères en saint Dominique, ont des réputations de raisonneurs chevronnés.

Courage, Sophie!... C'est la grâce que je vous souhaite!

CHAPITRE 3

Deux générations, deux univers

Le petit prince: *Qu'est-ce que ça signifie «apprivoiser»?*
Le renard: *Ça signifie «créer des liens»...*

ANTOINE DE SAINT-EXUPÉRY

Sophie: Comme vous êtes chanceux de travailler avec moi! Après tout, on dit que «c'est à 30 ans que les femmes sont belles». Vous, vous avez plus de 80 ans, quelle différence d'âge entre nous deux! Pourrons-nous surmonter cet obstacle? Arriverons-nous à bien nous comprendre?

Benoît: Hum, hum, ce que je nous souhaite! Moi, on m'appelle Benoît. J'ai été baptisé Joseph François-Xavier Joachim. Je suis né le 8 septembre 1915. Mon père, Caïus, mort en 1969, aurait 113 ans. Ma mère, Rose-Anna Blais, morte en 1941, aurait 114 ans! J'ai grandi à la campagne. Saint-Michel-de-Bellechasse. Trésor de pays!

Depuis le 26 juillet 1936, je vis chez les Pères Dominicains. En communauté, donc, depuis 60 ans!

Sophie: Quelle belle fidélité!

Benoît: Sans compter que la moyenne d'âge de ma communauté frise la soixantaine!

Sophie: Vous êtes habitué, donc, d'afficher votre érudition devant un public de célibataires intellectuels comme vous! N'êtes-vous pas un savant «prêcheur des vertus» toutes faites? Ma plus grande crainte, au début de ces entretiens, est que vous m'endoctriniez... N'oubliez pas que vous avez publié plusieurs ouvrages et que vous avez 80 ans!

Benoît:	L'âge... mais vous le saviez, mon âge! Vous vous doutiez bien que quelquefois je me répéterais... bien involontairement!

Moi, vous endoctriner? C'est mal me connaître! Tout d'abord, je craindrais de ne pas réussir. Si je comprends bien, vous êtes une femme informée, mais aussi décidée. En essayant de vous endoctriner, j'aurais peur de vous provoquer à donner des réponses trop rapides. Si je n'ai pas envie de le faire, c'est que je ne crois pas à ce genre littéraire. Une croyance, comme une idée, doit être suggérée. Si la confiance en telle ou telle idée est réelle, nous n'avons pas à la défendre. Sinon, ce serait manquer de respect! En outre, l'endoctrinement engendre le fanatisme ou le refus. Or, il me semble que vous n'êtes faite ni pour l'un ni pour l'autre. J'estime, pour ma part, que le respect consiste à ne s'imposer à personne.

Quant à notre âge, honneur à vos 30 ans! Miséricorde pour mes 80 ans!

Chez vous, comme chez les jeunes, je sens le goût du risque, beaucoup de courage, le bonheur toujours à l'état de rêve, mais que l'on croit pouvoir saisir une fois pour toutes. À cœur vaillant, rien n'est impossible! Le courage conduit aux étoiles. La fierté grandit en espérant.

Sophie:	Déjà, Benoît, je constate à quel point vous êtes poli! Vous me confirmez donc que l'âge additionne et que l'expérience accumule!

Benoît:	Je ne suis pas sans me souvenir qu'autrefois, au Moyen Âge latin et dans d'autres civilisations antérieures, la vieillesse signifiait la noblesse. Plus ancienne était la personne, plus elle devenait noble et crédible. Je n'en dirais peut-être pas autant maintenant que je suis devenu... ancien. Il est vrai qu'il y a dans la jeunesse une ferveur et un courage qui valent bien l'expérience des anciens. J'ai finalement concédé que chaque âge a ses grandeurs. Eh oui! la vieillesse est un âge merveilleux! Je le vis. Un âge d'attente malgré les apparences. Un âge de fidélité grâce aux souvenirs accumulés. Un âge d'expérience. Certitude des racines affermies. Aux vieux violons, les sons les plus beaux. Les plus belles rides font souvent les plus beaux sourires.

Pourquoi insister? À mon âge on a tous les âges. D'autre part, comment ne pas admirer l'âge adulte, l'âge de la maturité? Qui a dit que l'oiseau écrit avec le vent, le soleil avec les nuages et l'adulte avec sa vie? La vie adulte, c'est celle d'un jardin à la fin de l'été, celle des arbres à la mi-septembre avec toutes leurs belles couleurs qui s'affirment!

Sophie: L'âge fait parler... «Si j'étais Dieu, a dit Honegger, j'aurais imaginé à l'envers le cycle de la vie... Un beau jour, le vieillard se serait endormi pour toujours, petit enfant inconscient, dans un berceau...» Et Marguerite Yourcenar qui a écrit que «la vieillesse et l'enfance sont les deux états les plus profonds qu'il nous soit donné de vivre...». J'entends souvent dire que c'est l'âge qu'on a qui est le plus beau. Il nous appartient et c'est à nous d'en découvrir les richesses. D'ailleurs, je n'aimerais pas revenir à un âge plus jeune.

Alors, voilà déjà un point sur lequel on s'entend!

Benoît: Je suis heureux d'avoir avec vous des discussions qui iront, je le souhaite, au-delà du débat. Je compte sur vous pour me harceler.

Sophie: Je vais essayer, mais en vous écoutant, je ne peux oublier la dure réalité: vous êtes un noble ancien.

Benoît: Et en plus, un prêtre catholique!

Sophie: Heureusement que je savais déjà tout cela avant d'accepter l'aventure! Et, c'est justement ce qui m'a fait hésiter!

Moi, mon père travaillait dans l'imprimerie — il était lithographe, un métier aujourd'hui presque disparu — et ma mère était fonctionnaire. Nous habitions en banlieue, à Saint-Eustache plus précisément, à une époque où cette ville commençait à éclore. Je suis fille unique, mais je n'ai jamais souffert de ne pas avoir de frères ni de sœurs. Petite, je me rappelle du regard larmoyant — j'exagère à peine — de certaines personnes quand elles apprenaient que j'étais fille unique. Mais je leur répondais: «Ne vous en faites pas pour moi, je ne m'ennuie jamais!» Entendant cela de la bouche d'une petite fille de huit ans, les gens se mettaient à rire!

J'ai maintenant une fille de dix ans, Andréanne, et je vis seule avec elle. Je vous en reparlerai, c'est mon amour! J'enseigne au secondaire à des jeunes en pleine effervescence à qui il faut proposer quelque chose, en l'occurrence Quelqu'un! Je donne des cours de religion, après avoir fait un baccalauréat en théologie. Par conviction et par souci d'enseigner quelque chose de différent, je leur enseigne une religion dont je me sens quelquefois en marge. Je ne m'attarderai pas à vous parler de l'école actuelle, même s'il y aurait beaucoup à dire. Ce ne sont pas toujours les élèves qui sont difficiles, mais la structure même de l'enseignement et la perte de notoriété de la profession qui me pèsent. Comme dans bien d'autres emplois, je crois. Maintenant, tout ce qui a rapport à l'autorité fait horreur. J'ai aussi travaillé dans les paroisses où je m'occupais d'initiation sacramentelle et de pastorale scolaire. Et vous? Racontez-moi tout. D'emblée, je vous avoue que j'envie toutes ces époques que vous avez traversées, Benoît.

Benoît: En communauté chez les Pères Dominicains, ah! oui, j'en aurais long à dire... Même des secrets à révéler. En cours de route, plusieurs de mes confrères, dont certains sont de grands amis, ont quitté la communauté, ils ont «divorcé», pour vivre autrement. Quel choc! Sophie, vous qui n'avez pas vécu en communauté, vous aurez peut-être du mal à imaginer ce que signifie, pour celui qui reste, le départ d'un confrère qui quitte la maison pour toujours. Ne parlons pas de trahison. Parlons plutôt de mystère. Pourquoi lui et pourquoi pas moi? Chaque départ laisse des interrogations. Ceux qui partent le savent-ils toujours?

Sophie: On ne peut répondre pour ces gens, Benoît. Vous savez comme moi que les mouvances du cœur sont très mystérieuses. Une tante, que j'affectionne beaucoup, m'a déjà raconté qu'elle a laissé sa congrégation après les remous occasionnés par le concile Vatican II. «Non sans peine, m'a-t-elle dit. J'y étais depuis plus de vingt-six ans, ma mie, très heureuse, très épanouie. C'est avec grande ferveur que j'y ai exercé mon métier d'enseignante, mais comme j'appartenais déjà à cette communauté depuis plus de vingt ans, des traditions et des convictions s'étaient inscrites dans mon âme et dans mon cœur. Voir voler cela en éclats me laissait déçue. J'ai préféré me retirer, car les chambardements, les tensions intérieures étaient trop durs à vivre. Je suis partie, mais toujours, j'ai gardé les meilleurs sentiments envers ma communauté et je suis reconnaissante des acquis dont j'ai bénéficiés au cours des années vécues là.» Voilà ses raisons à elle. Qui sait si vos confrères n'en avaient pas de semblables?

Lorsque j'étudiais en théologie, plusieurs séminaristes sérieux et, ma foi, fort dévoués, se destinaient à la prêtrise. Puis, après avoir franchi les étapes et après de sérieuses réflexions, ils changeaient d'idée. Quelquefois, nous restions estomaqués, secoués par leur décision. Je comprends donc plus que vous ne le croyez... Je suis divorcée moi aussi! Le saviez-vous? Et un divorce dans la famille, dans le cercle des amis fidèles, c'est aussi tout un bouleversement! Le divorce remet en question notre amour, nos relations, et ça nous secoue bien souvent. Des parents et des amis qu'on croyait proches s'éloignent. On met du temps à s'en remettre. C'est une longue convalescence qui laisse une grande cicatrice.

Benoît: Eh bien! nous allons nous comprendre plus vite que je l'avais espéré!

Sophie: Attention Benoît! Je n'aime pas ces hommes qui, tout de suite, prétendent connaître nos pensées. Parlez-moi plutôt de votre communauté des Pères Dominicains... du sort de ces célibataires, sans mère si je comprends bien, donc, de ces orphelins!

Benoît: J'appartiens à une communauté qui a vu et a vécu plusieurs crises depuis sa fondation en 1216, surtout du fait que, par la volonté même de son fondateur, elle se doit de vivre dans les villes des valeurs à la fois traditionnelles et modernes, à la fois monastiques et apostoliques. Puis-je vous confier que j'ai toujours apprécié ma communauté en raison de sa générosité d'esprit? J'ai toujours admiré saint Dominique aussi, pour ses côtés quelque peu contradictoires. Quel démocrate! Sa joie! Ses peines! Son courage! Sa finesse dans sa façon concrète de vivre avec ses frères, les hommes, et avec les femmes pour qui il avait, dit-il, un certain penchant!

Enfin, un saint normal, quoi! Mais vous, Sophie, continuez, il m'est plus facile de vous écouter que de parler. Alors, profitez-en!

Sophie: Je pense encore aux ruptures... Mes parents ont aussi divorcé lorsque j'avais vingt ans et, bizarrement, une fois la peine passée, j'ai souhaité secrètement pendant quelques années, comme le font presque tous les enfants, qu'ils recommencent à vivre ensemble. C'est toujours l'étonnement quand il y a une rupture autour de soi. Ça doit être une réaction normale, tout simplement.

Comme beaucoup de femmes, je m'occupe seule de ma fille de dix ans. J'ai un amoureux, mais nous sommes à l'étape de l'apprivoisement réciproque. Dans cette époque de bouleversements, il y a une grande valse-hésitation et une peur de l'engagement dans les relations hommes-femmes. C'est l'ère de l'instantané, c'est comme si on ne pouvait pas faire durer une relation. J'envie votre époque où il y avait des balises, où les gens élaboraient des projets.

Benoît: Des balises! Des balises! S'il y en avait! Toujours! Partout! Une vraie forêt de lois et de règles. Mais savez-vous que le propre des balises est de ne pas avoir de racines et qu'il suffit d'une grande poudrerie ou d'une fonte des neiges pour tout jeter par terre? Et c'est exactement ce qui est arrivé. D'une part, l'abus des balises et l'abondance de lois sont des signes de faiblesse dans les parlements, comme dans les églises et les synagogues. Tacite l'a dit: «L'État corrompu multiplie les lois!» Bien sûr, un tracé initial est nécessaire. Les lois, les balises, si utiles soient-elles, ne me dérangent pas. Au contraire. Elles me rassurent sur la vérité de la route. D'autre part, au Québec, l'Église catholique multipliait les projets. Fascinant! Regardez simplement les édifices encore debout aujourd'hui: hôpitaux, collèges, couvents et pensionnats. Je suis toujours en admiration devant toutes ces mises en chantier de l'Église de 1860 à 1960. Mais il faut reconnaître que le pouvoir est une arme à deux tranchants. Trop de pouvoir corrompt, comme trop de lois annulent les droits de la liberté. Alors, les balises sont tombées. En somme, si nous nous devons d'être justes en ce qui concerne le passé, il ne convient pas de trop l'idéaliser. Mais c'est de votre âge... idéaliser encore, n'est-ce pas?

Sophie: Et pourquoi pas? Pourquoi critiquer les structures passées? La société libre actuelle, où les droits individuels priment sur les droits collectifs, est loin d'être enviable. Notre vie n'est pas mieux que la vôtre. Nous sommes libres, mais il n'y a souvent aucun sens du devoir et du respect de l'autorité. Nous n'avons plus de modèles. Les balises sont tombées, certes, mais personne n'a comblé le gouffre qui s'est creusé. Ah! si, les sectes tentent de le faire, des idéologies qui s'étiolent bien vite. Le vide et le désespoir que l'on rencontre parfois dans notre société ne sont pas des signes de progrès. Tout le monde s'entend pour dire que «la société est malade». Alors, quand je songe à la stabilité que vous avez connue, j'envie un peu cette vie où tout le monde avait un rôle à jouer. À notre époque, le suicide est devenu un problème important et plusieurs personnes de mon âge ne fondent pas de famille parce qu'il n'y a pas d'emploi!

Benoît: À tout considérer, je dirais que tous les deux, nous sommes déçus: vous, de constater que notre société ne veut pas de balises et ne connaît plus sa voie; et moi, de regretter autant que vous ce grand désespoir, ce grand vide, comme vous dites.

Sophie: Parlez-moi de votre «vocation». Après tout, vous avez vécu 55 ans de sacerdoce... Vous devez en avoir long à raconter. Allez, dites-moi si vous avez eu un appel du Seigneur ou une vision?

Benoît: Oh! je n'ai rien entendu d'angélique et je n'ai pas eu d'appel intérieur, de la façon dont on présente cela dans les livres. J'étais plutôt «porté par le courant»...

Sophie: Pour ne pas dire emporté! C'était donc surtout une vocation sociologique, ne croyez-vous pas, compte tenu que l'époque était fortement teintée de religion?

Benoît: Oui, on pourrait dire cela. Mais une vocation sociologique ne suffit pas, au début, à faire un prêtre vraiment appelé par le Seigneur. Peu à peu, il apprendra à donner sa vie à cette famille élargie, à ceux et à celles qui viendront croiser sa route et qui voudront marcher un certain temps à ses côtés.

Sophie: Vous aimez cette vie sacerdotale que vous avez choisie?

Benoît: Au risque de vous scandaliser, je dois vous dire que je suis prêtre moins par choix que par l'appel d'un Autre. Non, je n'avais rien, sauf une fidélité à mes devoirs ordinaires de jeune chrétien, pour devenir ce que je suis: prêtre, dominicain, professeur, écrivain, historien, animateur spirituel animateur culturel...

Sophie: Confident, compréhensif, ouvert, généreux...

Benoît: Arrêtez, vous me gênez!

Sophie: Croyez-le ou non, je vous perçois vraiment comme cela.

Benoît: Dans ce cas, merci! Alors, comme par instinct, ne sachant trop où je me dirigeais, mais sûrement poussé par une force intérieure, je suis parti de Bellechasse pour entrer chez les Pères Dominicains, croyant qu'ils étaient missionnaires, donc une sorte de Pères Blancs. Arrivé chez les O.P. — ils ont gardé le nom médiéval: Ordre des Prêcheurs —, j'ai rencontré des hommes merveilleux de générosité et de patience. Puis, peu à peu, j'ai appris, j'ai étudié, j'ai surtout été formé à ce que je ne savais pas, à ce que je serais peut-être. Disons que je n'ai jamais résisté aux appels et que c'est plus tard, beaucoup plus tard, que j'ai appris que j'avais d'abord une vocation sociologique et que je fus une «victime» consentante d'appels successifs à la vie dite religieuse.

Sophie: Mais la communauté impose. Cette communauté ne vous a pas étouffé?

Benoît: Vous savez comme j'aime obéir en délinquant! Mais qui est libre totalement, voulez-vous bien me le dire?

Sophie: Pour cela, vous marquez un point!

Benoît: Donc, vous avez été mariée et vous avez étudié pour devenir enseignante, n'est-ce pas?

Sophie: Oui, j'étais dans une «vague» où les filles devaient s'instruire. Ça allait de soi, avoir une profession, car il n'était déjà plus certain qu'un homme pourrait nous «faire vivre». Les bouleversements sociaux commençaient. J'aimais l'école, ce n'était donc pas une corvée. Alors, j'ai suivi le courant, dans un domaine où les femmes continuent sur leur lancée: la théologie. Pourtant, je travaille dans un secteur traditionnellement occupé par elles: l'enseignement. C'est mon côté paradoxal. Je n'ai jamais regretté mes études. Ma mère me disait que la plus belle chose dans la vie, c'était une femme qui gagnait son argent! Elle n'était pas une ardente militante féministe, elle me disait cela en toute simplicité, sachant probablement que les rôles commençaient à être remis en question.

Benoît: Vous vous êtes mariée jeune?

Sophie: Je me suis mariée à vingt ans. Une décision libre mue par de grands sentiments. Mais le temps a fait son œuvre et notre couple n'a pas relevé le défi. Car le mariage est un défi! Le sacrement de mariage n'a pas suffi. Malgré l'aide de notre entourage, malgré la phrase à laquelle je croyais, «on ne sépare pas ce que Dieu a uni», notre route s'est divisée. Ça fait très mal. Une douleur tellement poignante que même les mots les plus durs ne sont pas assez forts pour la décrire.

Et quand on voit l'autre poursuivre sa route presque guilleret, et s'installer tout de suite avec une nouvelle partenaire, quelle douleur étrange. On se dit: «Pourquoi ça ne lui fait pas mal, à lui? Pourquoi est-il capable de recommencer tout de suite?» Et finalement, on s'aperçoit que les grandes souffrances sont solitaires et qu'il ne sert à rien de vouloir tout comprendre. Il faut entreprendre sa convalescence... J'ai appris ensuite que c'était très «masculin» d'agir ainsi. Beaucoup d'hommes ont peur de la solitude et reconstruisent immédiatement une union avec une autre personne, pour se prouver qu'ils n'ont rien perdu. La preuve, c'est que déjà, quelqu'un d'autre les aime. L'honneur est sauf. Michel Tremblay disait que se séparer, «c'est une peine d'amour, mais c'est aussi une peine d'orgueil»! Pour moi, ce fut une vraie peine. Je ne crois pas que je pleurerai encore autant un jour! Du moins, je ne me le souhaite pas. De ce mariage me reste ma fille, extraordinaire petite Andréanne. Le temps a finalement guéri les émotions qui étaient à fleur de peau, mais comme il a mis du temps! Ce qui est dommage dans un divorce, c'est que souvent le conjoint qu'on a laissé nous a fait le plus beau cadeau du monde, des enfants...

Et on ne ressent plus rien pour ce conjoint. Pourtant, quelque chose de très intense a été partagé et on ne peut plus revenir à cette source. Quelquefois, on frôle la haine envers lui. C'est un sentiment humain très bizarre que j'ai éprouvé à quelques reprises après le divorce. Quel paradoxe! Sans parler de la détresse des enfants, peu importe leur âge... Selon certains psychologues, les enfants ne seraient pas marqués par le divorce de leurs parents. C'est faux. Ils le seront toujours à différents niveaux, selon leur sensibilité, même si les parents s'entendent bien après la rupture. Voilà où vous m'avez amenée, M. Lacroix! Mais vous, vous sentez-vous libre en communauté, une communauté qui s'inscrit dans le sillage de l'Église catholique, avec ses normes, ses règles et ses dogmes?

Benoît: Oui, je me sens libre, dangereusement libre! Mais expliquons-nous. Il n'est pas de liberté absolue. Qui veut vivre sans foi ni loi s'épivarde, tout comme celui qui s'isole s'étiole. La liberté signifie une capacité de choisir et de faire effectivement un choix. Choisir, ce n'est pas suivre. Choisir, c'est voir, savoir, juger.

Sophie: Vous parlez de votre communauté amoureusement. Ne me dites pas, à moi, que l'Église ne vous a jamais fait mal avec ses interdits, ses lois... Quelquefois, votre Église, elle m'énerve. Et je vous pose la question: «La religion catholique — la mienne, en tant que baptisée —, que je ne renie pas, nous aurait-elle détournés du spirituel, de la vraie religion chrétienne?

Benoît: Allez, allez, dites le fond de votre pensée!

Sophie: J'y arrive. La religion catholique n'a-t-elle pas fait oublier que c'est l'amour, la liberté et le respect des autres qui lui ont donné naissance? De nos jours, les gens ne veulent plus se soumettre à des principes, mais l'Église, elle, souhaite continuer à en établir. Les gens définissent eux-mêmes leurs priorités et leurs valeurs. Les remontrances du pape font donc sourire. Certaines personnes m'ont même dit que l'Église catholique sait ce qui manque aux gens, mais qu'elle n'est pas en mesure de le leur offrir! Elle se sent démunie et ne sait justement plus «à quel saint se vouer».

Benoît: La religion qui ne fait que ritualiser et moraliser ne peut que nous détourner de la vraie spiritualité, car celle-ci s'appuie davantage sur la vie intérieure et sur une rencontre avec le Sauveur. C'est vite répondu, j'en conviens. Puisque vous avez pris la précaution de parler de vraie spiritualité, j'oserais préciser tout de suite qu'elle vit de rites et tend à s'incarner dans une vie de dignité et de réconciliations continues.

Sophie: N'essayez pas d'éviter la question de départ, Benoît!

Benoît: Non, j'y réponds. Je vous rappelle que la spiritualité des gens d'ici a toujours été une spiritualité discrète, sans les grands élans d'un Jean de la Croix ou d'une Thérèse d'Avila, mais davantage à la manière d'une petite Thérèse de Lisieux: spiritualité du quotidien, généreuse, mais en même temps si humble dans ses manifestations. Spiritualité de pionniers et de pionnières. Sans grands discours. Je pense à notre frère André qui en est comme le prototype «canadien».

De ce point de vue, j'oserais vous dire que, loin de nuire à la spiritualité des humbles, la religion traditionnelle des Canadiens français a été, avec son obsession de la pratique religieuse, un support étonnant. Pourquoi? À cause de la continuité, à cause de la précision de ses commandements. Maintenant que les laïcs se sont scolarisés, une spiritualité traditionnelle qui ne serait alignée que sur des préceptes à observer et des péchés à éviter risquerait de faire oublier l'essentiel.

Sophie: Et que dire des femmes qui pratiquaient quotidiennement le mystère chrétien! Elles ne savaient pas en parler comme vos confrères, mais elles le pratiquaient, ce qui est, à mon avis, beaucoup plus estimable.

Benoît: Vous sortez vos griffes, Sophie!

Sophie: Il est plus facile de parler de religion comme vous le faites, de parler de votre Église que d'imaginer ce qui fait si mal dans cette Église. L'Église est loin d'être le pôle central de ma foi. Je fais maintenant une distinction entre foi et religion. Malgré tout cela, j'aime enseigner à mes élèves l'histoire de ce personnage qu'on nomme Jésus, qui est particulièrement fascinante.

Ma foi en l'Église est peut-être en crise. L'Église-institution, en tout cas. Parce que ceux et celles — surtout celles — qui bâtissent l'Église sont des gens extraordinaires.

Benoît: Je vous écoute, je vous écoute! Videz-vous le cœur.

Sophie: Vous rendez-vous compte? Je crois que vous idéalisez l'Église. Les gens sont capables de penser par eux-mêmes, de se poser des questions, de se demander après quoi ils courent et ce qui est essentiel dans leur vie! Par sa morale rigide, la religion officielle a sacrifié trop de choses. Désolée de vous dire cela, Benoît. Les gens pensent ce qu'ils veulent, même si ce n'est pas toujours idéal. Au moins, on mettra les torts sur notre dos. C'est une société très nombriliste, j'en conviens. Il y a une chanson du Britannique Sting — je traduis — qui dit: «Je peux perdre la confiance dans la politique, les institutions; mais jamais je ne voudrais perdre la foi en toi. Il ne me resterait alors plus rien à faire, à espérer.»

C'est sûrement un bon indice de ce que les gens vivent. La foi dans les institutions se perd. La foi en soi, en l'autre, continue son chemin, du mieux qu'elle peut.

Benoît: En vous écoutant, je crains que nous ne pensions pas à la même Église ou que nous ne la considérions pas de la même manière. La première vraie Église, de façon subjective, j'entends, c'est d'abord chacun, chacune de nous. L'Église du cœur. Le Christ disait à sa manière que «l'essentiel... est au-dedans de nous». L'Église, pour moi, c'est un rassemblement, une communauté multiséculaire, c'est le *peuple de Dieu*, la république de Dieu, comme on disait au Moyen Âge. Elle est plus spirituelle que corporelle, davantage invisible que visible, plus sainte et divine qu'humaine, mais aussi, dans son humanité, faillible, fragile et vulnérable. L'Église que j'aime n'est pas que celle de mes ancêtres d'ici et de la France, c'est surtout l'Église des saints et des saintes, l'Église de tous ceux et de toutes celles qui, au-delà de ce qu'ils voient et vivent, cherchent la transcendance, l'Église de tous les malades qui implorent, crient, pleurent, se révoltent, l'Église des personnes plutôt que l'Église des murs et des structures. La voilà, mon Église chérie, ma patrie, mon pays spirituel, mon *Empress of God*... La hiérarchie! Un bien nécessaire dès qu'il y a multitude. Pas de société viable sans une certaine répartition des rôles.

Sophie: Mais le pape, qui parle, qui parle partout et qui écrit des encycliques illisibles ou presque...!

Benoît: Je crains que votre verdict ne soit celui d'une opinion publique vagabonde et trop carrée pour être adulte!

Sophie: Avant, on disait hérétique. Aujourd'hui, aussitôt qu'on remet l'Église en question, on passe pour vindicatif, ignorant et trop bête pour comprendre la profondeur du mystère qu'elle incarne.

Benoît: En toute société, et l'Église en est une, il faut quand même une tête! Société sans tête, société déréglée! De plus, il me semble pédagogique et même obligatoire qu'une société embrouillée comme la nôtre reçoive quelques avis, tout comme il est bon qu'une société multicentenaire et civilisatrice comme l'Église, témoin de tant de crises dans l'histoire et capable de fournir des penseurs comme Augustin, Thomas d'Aquin, Teilhard de Chardin et tant d'autres, puisse dire l'idéal de toute société éclairée et multiplier les avertissements là où elle estime devoir le faire. D'ailleurs, la même Église dit et répète — on l'oublie — que les droits de la conscience sont des droits inaliénables.

Sophie: Êtes-vous naïf ou tout simplement aveugle? Parler ainsi, vous, prêtre d'une Église qui, depuis deux ou trois décennies, ne cesse de nous brimer avec ses interdits et ses lois. Nous parlons de nos milieux de vie, des institutions qui tentent d'encadrer nos vies, au péril de la liberté. Mais ne sommes-nous pas, vous, moi, plus que l'Église, plus que toutes les lois du monde?

Je reviens à vos balises de tout à l'heure. J'ai l'impression que vous ne comprenez pas, ou que vous ne voulez pas comprendre, ce qui irait pourtant à l'encontre de votre nature généreuse. Avouez donc que l'Église catholique romaine — je suis baptisée, dois-je le redire, et je ne le renie pas, j'ai sanctionné le choix de mes parents — nous a souvent posé, pose encore et posera toujours des balises qui nous font voir la vie comme une course à obstacles. Les gens n'entendent que les bavardages du pape sur la contraception et l'avortement! À mon avis, cela entraîne une mauvaise compréhension de toute la vocation chrétienne.

Benoît: Comment dire encore, sans vous heurter et pour accepter la réalité telle que vous ainsi que la majorité de nos contemporains la perçoivent, qu'il y a deux Églises, comme il y a deux univers: l'univers visible et l'univers invisible.

Mon Église, c'est non seulement l'Église des lois, des cadres, des statistiques, des sermons et des prêtres ennuyeux, mais c'est d'abord et surtout l'Église invisible, universelle, l'Église aux multiples initiatives. L'Église ici, l'Église ailleurs. Mais concédons que l'attaque contre l'Église d'ici, parfois justifiée, parfois sournoise, est souvent sans perspective.

Sophie: Malgré moi, je dois dire que vous êtes convaincant quand vous parlez de l'Église. Mais il faut que l'Église comprenne que c'est elle qui est à l'origine de sa propre division et du rejet qu'elle suscite. Et ne me dites pas que l'Église, c'est nous! Je connais ce concept. C'est un beau principe. L'image de l'Église pyramidale est trop omniprésente pour laisser croire qu'elle garde une place pour les changements.

Benoît: Mais l'Église plus secrète, l'Église intérieure, si j'ose dire, l'Église des cœurs et des esprits, l'Église des petits, l'Église au quotidien, elle existe aussi! Qui la regarde? C'est comme si nous allions ensemble à la cathédrale de Chartres, que vous aimez tant. Si nous demeurons à l'extérieur, nous verrons des pierres bien taillées et des portails avec leurs statues. Mais si nous entrons, nous admirerons ce qu'il y a de plus beau: les rosaces, les vitraux... J'aime l'Église, justement, à cause de son aspect physique et spirituel. Si je me sens aussi libre à l'intérieur de ma communauté comme à l'intérieur de mon Église catholique romaine — je la nomme pour vous faire frémir —, c'est que je la vois de l'intérieur aussi.

Sophie: Votre distinction est juste, mais élitiste.

Benoît: Quoi?

Sophie: Élitiste, oui. J'aurais dû me douter dans quel bateau je m'embarquais! Concédons que vous pourriez avoir raison, que les «montages médiatiques» que pratiquent certains médias ne leurrent que les badauds qui continuent à croire n'importe quoi. «J'ai vu ça à la télévision...» Mais l'Église n'est pas la seule institution en cause. Ne jouez surtout pas au martyr!

Benoît: Où voulez-vous en venir?

Sophie: Je veux en venir..., je veux en venir à votre Église intérieure, dite sainte, catholique et apostolique. Amen! Je veux en venir à la liberté. Si j'écoutais tout ce que votre Église fait pour inquiéter ma conscience de femme qui lutte pour la vie, divorcée en plus, avec un être aimé à l'horizon et des projets immédiats avec lui, si je m'arrêtais à tous les interdits de l'Église et aux péchés dont elle nous menace, je pourrais me sentir coupable à jamais. Votre Église se rend-elle compte du mal qu'elle me fait, malgré ses intentions fort louables de créer une société juste et idéale? Et je vais plus loin. Le pape, dans son infaillibilité, avec ses discours sur le divorce et le remariage, a semblé oublier la chance d'être aimé et d'aimer de nouveau. Quelle belle renaissance quand on ne se croit plus bon à rien! Mais non, l'entêtement demeure... et après, on s'étonne de l'éloignement des gens!

Benoît: Je reconnais, une fois de plus, certaines de vos inquiétudes. Une rumeur qui circule, même chez des gens d'Église, dit qu'il convient d'obéir d'abord à l'opinion publique plutôt que de risquer les décisions de sa propre conscience.

Sophie: L'opinion commune a quelquefois beaucoup de sens... Et jamais je ne croirai à des encycliques, à des dogmes qui ne respectent pas la pleine humanité de la personne, avec ses joies et ses échecs. L'Église altère-t-elle votre liberté?

Benoît: Personne — pas même l'Église — ne pourra m'enlever ma conscience. Elle est mon ultime pouvoir personnel. Elle est l'atout à jouer pour protéger et sauver ma liberté.

Sophie: On dirait que l'historien en vous a oublié l'Inquisition, le Saint-Office et l'Index!

Benoît: C'est en interrogeant les événements, les personnes et le milieu dans lequel je vis que je puis exercer ma liberté en toute sérénité. Bien sûr, je dois vivre ma liberté en tenant compte des autres et de mes idéaux. À quoi bon une liberté en soi, pour soi? La liberté est un bien à partager. Sans la recherche d'un idéal, sans solidarité, sans privation, la liberté serait bien mince. J'agis en toute liberté.

Sophie: Tiens, dans cette époque où tout est permis, je remarque que personne autour de moi ne me parle de la liberté comme vous le faites. On oublie la beauté de la liberté. Est-ce que l'on sait seulement qu'on est libre? Mais c'est vrai qu'en communauté, vous vivez dans un monde douillet!

Benoît: Vous idéalisez ma communauté et tous ses vieux garçons, si près de leur moi, si près de leur besoin humain normal d'avoir toujours raison!

Sophie: C'est typiquement masculin, ça, pas dominicain.

Benoît: Je vis dans une famille élargie aux dimensions presque démesurées. Je concède que ma manière d'être libre pourrait facilement devenir égoïste. Ce que j'admire moins dans certaines communautés dites catholiques, c'est leur manie des comités qui sont le plus souvent une perte de temps, le «parler pour parler», un désir de toujours structurer. Cela survient trente ans à peine après le Concile. La liberté, même à l'intérieur des Églises, restera toujours une liberté à conquérir. C'est ainsi que Dieu le veut!

Sophie: En vous écoutant, je vous sens libre, plus libre. Ne serait-ce que parce qu'on vous a légué le bonheur d'une liberté intérieure. Le mal de l'âme de mon époque est tellement profond, Benoît. Je sais que vous aidez beaucoup de gens qui doivent subir la vie plutôt que la dévorer. Je vous grondais tout à l'heure, mais je sais à quel point les religieux et religieuses ont travaillé et travaillent encore dans le plus grand secret et dans le dévouement complet pour redresser cette société qui craque de partout. On ne les voit plus, mais ils sont encore là. Ces gens qu'on a relégués aux oubliettes, durant et après la Révolution tranquille, continuent d'œuvrer dans le silence dans différents domaines, en alphabétisation, auprès des mères célibataires, dans les soupes populaires et j'en passe. Les gens de ma génération et de celles qui la suivent ont besoin, plus que jamais, d'être aimés et d'aimer. Et d'apprendre à aimer dans tous les sens du mot, en dehors de toute lutte des sexes et de pouvoir. Peut-être votre génération ressent-elle aussi ce besoin, Benoît? Mais, plus que la vôtre, ma génération cherche, se cherche, idéalise, espère, tout en ayant terriblement peur. Les individus ont peur de prendre la responsabilité d'eux-mêmes et préfèrent se cacher derrière leur enfance et leurs traumatismes. Les psys de tout genre font fortune! Pourtant, il n'y a jamais eu autant de défis à relever. C'est pourquoi ceux qui font preuve de dynamisme et de savoir-faire sont vite portés aux nues. On aurait beaucoup à apprendre de nos prédécesseurs, mais on a préféré tout oublier. On ressemble aux enfants de deux ans qui disent «non» pour pouvoir mieux faire leurs expériences par la suite. La situation politique du Québec en est un bel exemple. On veut tout reprendre à zéro ce que d'autres avant nous ont bâti.

Cette déprime contemporaine, ce manque d'idéaux, ce trop-plein de subjectivité est tellement peu semblable à ce que vous avez connu, Benoît, à ce pour quoi vous avez été forgé. Socialement, je me sens égoïste, mais je me sens aussitôt rassurée par le miroir qu'est la société.

Benoît: Que vous êtes philosophe!

Sophie: Grâce à vous, je commence à le devenir!

Deuxième partie

Le sacré

Aux frontières du sacré

Dans les étoiles et les pierres, les arbres et les animaux;
dans les outils et les maisons, la sculpture et la musique,
la poésie et la prose; dans les relations familiales et les
groupes de bénévoles, nous pouvons rencontrer le sacré.

PAUL TILLICH

Sophie: Avez-vous une définition du sacré à me suggérer? Qu'est-ce que ce mot, si apeurant au premier abord?

Benoît: À cause de mon enfance et de mon expérience, je peux vous dire que j'ai déjà tendance à cataloguer le sacré. Il y avait le sacré populaire quand mon père ou ma mère disait, dans l'église de Saint-Michel-de-Bellechasse: «Tais-toi, c'est sacré ici...» C'était le sacré légalisé.

Le sacré, c'est aussi un appel et une angoisse. Un silence également. Le sacré intérieur! Plus riche que le sacré extérieur. Le sacré, comme la vérité ou la beauté, correspondrait à une double réalité. Il est d'abord au-dedans de nous, avant d'être incarné dans une attitude, un geste, une personne.

Devant le fleuve, à Saint-Michel-de-Bellechasse, j'ai le sens du sacré. Le fleuve est là, large, toujours beau, bien enserré dans ses rives. Il est à la fois lointain et proche, à certains moments imprévisible, comme au temps des grandes marées, à d'autres moments plus soumis au temps d'été. L'hiver, il dort sous les glaces. Comme c'est beau! J'ai trouvé le sacré en regardant couler le fleuve.

Encore aujourd'hui, il m'enseigne. Puis, j'ai lu Mircea Eliade pour... pouvoir en parler!

Sophie: Qu'avez-vous découvert de plus? Car si je vous suis bien, il y a deux formes du sacré: le populaire et le plus officiel.

En visitant des pays ou en rencontrant des gens, je me suis souvent dit que je n'aurais jamais le temps de tout connaître, et ça faisait germer en moi un sentiment d'infini, d'incomplétude. Ce genre d'expérience me fait comprendre que le sacré, c'est l'immensité de l'univers.

Benoît: Le sacré, c'est aussi quelque chose de plus grand que soi! Vous, qui êtes si jeune, avez-vous l'impression que les gens ont perdu le sens du sacré?

Sophie: Je vous dirais que souvent — mais c'est moins explicite qu'avant —, les gens autour de moi redécouvrent dans le quotidien le sens de la vie, son sens sacré. La joie des parents devant leurs enfants, celle des grands-parents qui constatent que la vie continue après eux, qu'il y a une relève. C'est du sacré concret.

On perd plutôt le sens sacré des institutions. Remarquez que certaines ne nous donnent pas le goût d'y adhérer non plus! Mais c'est quand même inquiétant, car une société qui ne reconnaît pas ses institutions se referme sur elle-même et développe un sens du sacré trop individualiste. La politique, l'éducation, les grands idéaux désintéressent de plus en plus de gens.

Benoît: Vous parliez de quotidien tout à l'heure. À mon avis, le sacré est là, toujours là. Donné. Il ne reste qu'à le constater. Mais il impose une distance. Voilà toute la différence. Et si on regarde ce qui nous entoure, car vous et moi, de la génération du sensationnalisme, du journal à gros titres et à grands tirages, on remarquera que l'actualité nous domine. Et pourtant! Où est la vraie vie sinon dans les recommencements du matin, du midi, du soir, de la nuit, des saisons? Dans le quotidien se trouve le réel. Je me souviens d'une phrase de Tagore et j'espère la bien citer: «Tu ne vois pas le réel dans ta maison, et tu erres, inconscient, de forêt en forêt.»

Eh oui! L'actualité passe, elle est superficielle, changeante, souvent illusoire, mais le quotidien demeure. Mon père dirait encore aujourd'hui: «Mon garçon, essaie d'être un peu intelligent. Regarde le fleuve, le vrai fleuve! Il y a les vagues, elles passent; il y a le chenal, il dure, il entraîne le courant... Il est la vraie vie du fleuve.»

Sophie: L'actualité, les nouvelles-chocs nous éloignent de l'essentiel.

Benoît: Les vraies réalités sont souvent invisibles.

Sophie: Considérez-vous, Benoît, que tout est sacré?

Benoît: Tout dépend.

Sophie: Votre réponse est trop brève. Je crois que le sacré part de nous, que nous lui donnons un sens selon ce qui nous arrive. Il faut que ça vienne nous chercher. Le sacré peut se manifester lors d'un événement bouleversant, étonnant.

Benoît: Mais non, le sacré préexiste, il est déjà dans l'univers. Depuis que les astrophysiciens nous ont «ouvert» l'univers, nous savons qu'il est trop immense pour être simplement ordinaire. Il nous précède, cet univers sacré, il préexiste! Il faut avoir les yeux pour le voir. C'est toute la différence entre votre génération et la mienne. Votre génération réduit le sacré à la perception qu'elle en a; la mienne le cherche d'abord au-dehors. Le sacré est objectif avant d'être subjectif. Le sacré de façon objective existe dans la nature, dans l'espace, dans le temps, chez les autres. La perception ne précède pas le réel: elle en dépend.

Sophie: J'aime ce que vous m'expliquez, même si c'est différent de ma conception du sacré. Je crois aussi que le sacré permet de nous ouvrir à d'autres dimensions et qu'il force notre être et notre âme. Je crois qu'on peut mieux le voir dans les moments intenses de notre vie.

Benoît: Le sacré appelle la distance, le lointain... À propos du sacré et du profane, je souhaiterais que nous puissions ensemble en faire la distinction, mais sans les opposer. De même que l'humain est le chemin naturel du divin, ainsi le profane est le chemin normal du sacré.

Le sacré, pour moi, est une réalité qui peut s'appeler état d'âme, sentiment, idée, mais à vrai dire je serais à l'aise de parler plus objectivement de sacré à propos d'un temps, d'un lieu, d'une personne, d'un objet. Dès lors, je constate, en tant qu'historien des cultures et surtout de plusieurs religions, que le sacré signifie avant tout une expérience et j'avoue avoir beaucoup de difficulté à parler de sacré, sinon en interrogeant le Christ humain et divin à la fois. Il me semble que, pour lui, la sainteté part de l'humain.

Sophie: C'est votre formation qui vous fait parler ainsi. Moi je suis de cette génération où le «vécu» a tellement été fouillé et décortiqué dès l'enfance, qu'il n'est pas étonnant que je ne le perçoive pas immédiatement en relation avec le Christ.

Mais qu'est-ce que votre père, Caïus, aurait dit du sacré?

Benoît: Tout aurait été plus simple.

Sophie: Il vous aurait dit, je suppose: «Tes études te font compliquer les choses, mon garçon! Ça me coûterait moins cher de te désinstruire! Parle, je ne suis pas obligé de t'écouter!»

Benoît: Oui, sûrement! Pour lui, le sacré, c'était l'Église, la nature, le passage des saisons, les paysages et ses chères Laurentides... Il disait aussi: «Moi, je prie avec mes vaches.» Et il montrait ainsi que son sacré était vraiment quotidien. Cher papa!

Sophie: Il nous aurait sûrement trouvés fous à certains moments!

Benoît: Excités, en tout cas! Il nous aurait dit:«Arrêtez de regarder les paysages à la télé et allez dehors! La vraie beauté est là!»

Sophie: Avec les médias, justement, nous vivons par procuration. Les gens dont la vie privée est étalée dans les magazines et les téléromans nous fascinent. Ils nous font vivre des choses que nous ne vivrons probablement jamais, en nous faisant oublier celles que l'on vit.

Et Rose-Anna, votre mère... son sacré?

Benoît: Pour ma mère, le sacré, c'était l'église et ses luminaires, les vêtements des prêtres qui changeaient selon les occasions, le chant au jubé, la Fête-Dieu...

Sophie: Donc, son sacré à elle était rituel, solennel et religieux, et votre père le voyait plus près de lui.

Benoît: Tout à fait!

Sophie: Et vous, Benoît, si vous aviez été marié — vous vous dou-
tiez bien que je ne pouvais m'empêcher de vous poser la
question — votre définition du sacré aurait-elle changé?

Benoît: Peut-être, pas complètement, mais certaines dimensions,
oui... Le sacré aurait été encore plus lié à mon physique, je
l'aurais entrevu dans la vie de mes enfants, de mon épouse...
J'aurais vécu autrement le sens sacré et le devoir de la vie
qui se transmet physiquement dont j'ai souvent eu la nostalgie. Les gens ont oublié l'importance de la maternité et
de la paternité. Le sacré aurait été, en un sens, plus incarné,
plus immédiat. Le fait d'être marié aurait concrétisé mon
expérience du sacré dans deux dimensions qui m'ont
manqué: époux et père. Je m'explique avant que vous ne
vous inquiétiez démesurément à mon sujet: je ne regrette
pas d'avoir un jour été choisi pour le célibat et je continue
toujours à trouver cela extraordinaire...

Sophie: Et l'amour dans tout cela? Dites-moi tout! Une vie
d'homme sans femme, est-ce possible? J'ai beaucoup de
difficulté à comprendre ce choix de vie. Cette vision du
célibat, de la vocation... comme si les baisers et les tendres caresses d'une femme qui soit la vôtre ne vous
avaient jamais manqué...

Benoît: Vous avez raison... Ne m'avez-vous pas déjà dit, Sophie,
«Ah! si ça pouvait durer toujours, l'amour!»

Sophie: Souvent. À l'instar de Marguerite Yourcenar, je pense que
«l'amour d'un être est un présent si inattendu et si peu
mérité que nous devons toujours nous étonner qu'on ne
nous le reprenne pas plus tôt...» Mais au fond de moi, je
souhaite bien fort qu'il soit éternel et que l'être aimé qui
partage ma vie m'aime toujours de façon inconditionnelle.

Benoît: Alors, vous expérimentez l'instinct infini de l'amour.

Sophie: L'expérience de l'infini, mais du vide aussi...

Benoît: L'insatisfaction, c'est le propre de la condition humaine.
Je n'ai pas été privé de la «séduction» parce que j'étais
prêtre. Vous qui vivez l'expérience charnelle, vous expérimentez les mêmes vides. Alors...?

Sophie: Oui, et comment. C'est tout à fait cela!

Benoît: Mais j'ai le goût de vous amener sur une pente glissante.

Sophie: Je n'ai plus le choix. Allez-y...

Benoît: Parlons de sexualité. Dire que ce sujet était tabou jusqu'au milieu du siècle! Pourtant, il est tellement beau. Tellement sacré. Pourquoi les moralistes l'ont-ils tant dramatisé? Pourquoi ce voyeurisme banal et grossier? En cours de route, comme tous les gens de ma condition, fragile et vulnérable, j'ai appris que la sexualité était sacrée pour la bonne raison qu'elle avait été «inventée» par Dieu. Si nous avions su cela en 1900, nous, les prêtres, nous aurions dit moins de sottises. Sexualité sacrée, oui, créée par Dieu pour une double cause qui est loin d'être négligeable: elle sert d'abord à l'espèce humaine afin de lui permettre de se reproduire et de poursuivre sa route, d'où la force même de l'instinct sexuel, sans quoi il n'y aurait pas d'humanité vivante aujourd'hui. Puis, il y a l'amour, quoi de plus sacré! La sexualité est liée à l'amour.

Sophie: Si amour et sexualité vont ensemble, comment vous en sortez-vous? Et ne m'écrivez pas une encyclique là-dessus? Répondez-moi avec votre cœur.

Benoît: Dans ma condition de célibataire et d'amoureux — car j'aime les gens, j'aime l'univers féminin, j'aime les enfants à la folie —, j'avoue que je paie cher le fait que l'amour soit sacré et le fait que je n'aie pas eu d'enfants.

Sophie: Avez-vous des regrets?

Benoît: Oui, je le regrette quelquefois à 80 ans, mais pas dans le sens où une certaine presse présente la question parce qu'elle ne comprend pas et ne respecte pas cela. Avec le temps, grâce à des assignations ici et dans d'autres pays et cultures, comme la France, le Japon ou le Rwanda, j'ai appris, en demeurant célibataire, à élargir les exigences concrètes de l'amour. Et j'ai pris conscience qu'en étant libre, tout en demeurant un ami, un compagnon de tous les âges, autant des hommes que des femmes, je pouvais aimer. Et ce que je n'obtenais pas physiquement, dans ma chair, je le retrouvais au centuple en plaisir d'aimer davantage en esprit. Je sais que ce sont là des propos difficiles et que les mots n'expliqueront jamais tout. Je veux dire que je remercie Qui de droit de m'avoir attiré dans cette voie large et joyeuse à bien des égards.

Sophie: Venant d'un prêtre, vos propos sur la sexualité sont surprenants. Cette attitude souvent débranchée ou hautaine qu'adoptent beaucoup de clercs par rapport à la sexualité me déconcerte toujours.

Votre vie vous a permis de vivre votre paternité par procuration, il me semble. L'explication que vous venez de me donner apaise bien de fausses idées que je me faisais de vous! Pour certains hommes, cette possibilité de donner la vie est plutôt perçue comme une épée de Damoclès; quel drame si leur conjointe devient enceinte! L'attachement et l'engagement dont ils ont si peur... Combien de fois ai-je entendu des femmes prendre la décision d'avoir un enfant parce que leur homme ne se décidait pas!

Benoît: Les hommes ont tellement peur!

Sophie: En effet! Mais pour revenir au sujet qui nous préoccupe, il n'en demeure pas moins que je suis convaincue que le sacré est de moins en moins dans les églises. Je ne veux pas vous insulter en disant cela. Le sacré est là, près de nous, dans le quotidien, dans ceux que l'on aime!

Et quand les gens se posent des questions sur l'humain, quand je vois des parents qui s'inquiètent pour l'avenir de leurs enfants — et j'en suis!—, je considère qu'on touche le sacré, qu'on veut retrouver l'essentiel qui est en train de se perdre.

CHAPITRE 2

Des événements sacrés

Il n'y a pas de douane. Nulle part.
La vie est grande et libre. La vie est étonnante.

SARAH BERNHARDT

Sophie: Pendant que je pensais aux événements sacrés de ma vie, beaucoup d'émotions ont refait surface. Vous voulez que je vous parle d'un événement particulièrement sacré? Être enceinte de ma fille Andréanne. Sentir, deviner la vie grandir en soi est un privilège sacré. Je crois que nous, les femmes, sommes particulièrement choyées. Porter un enfant, à mon avis, est le comble du sacré. Porter Andréanne fut un vrai bonheur, un souvenir que je chérirai jusqu'à la fin de ma vie. J'ai vraiment palpé le sacré dans toute sa grandeur; je sentais une force immense qui me faisait participer à la Création. Je ne pouvais diriger cet événement à ma guise. C'était plutôt la nature qui agissait et elle savait où elle allait. Faire confiance et m'émerveiller, voilà les deux seules choses que je pouvais faire. Malgré les années qui ont passé, je ressens encore cette sensation de dépassement. À l'accouchement, quand j'ai entendu «Andréanne est arrivée» — j'avais insisté pour qu'on ne dise pas «c'est un garçon ou c'est une fille», je voulais qu'on accueille mon enfant par son prénom —, je me suis dit qu'il ne pouvait y avoir dans la vie quelque chose de plus fort, de plus sacré que de donner la vie. Et quand on a mis Andréanne sur moi, on n'aurait pu me donner quoi que ce soit de plus précieux. Plus tard, j'ai expliqué à Andréanne pourquoi je lui avais donné ce prénom. J'avais connu, quelque temps auparavant, une Andréanne à la voix magnifique, une artiste dans l'âme, et sa personnalité m'avait charmée. En donnant à ma fille ce prénom, c'est comme si j'avais voulu qu'elle lui ressemble un peu... Elle a été étonnée, tout comme moi je l'avais été quand mon père m'avait expliqué pourquoi il avait choisi de m'appeler Sophie. «Ce prénom, du grec *Sofia*, signifie sagesse», m'avait-il confié en souhaitant que cela ait une certaine influence dans ma vie. Tous les jours, je remercie Dieu de voir grandir ma fille — en beauté, disons-le!

C'est la maternité qui se continue, je la mets au monde d'une autre façon lorsque je la comprends, que je l'appuie, que je l'aime ou que je m'inquiète pour elle. Par contre, au risque d'en scandaliser quelques-unes, je joins les rangs de la sociologue Élisabeth Badinter qui, dans *L'amour en plus*, confirmait qu'on ne peut définir l'identité féminine par l'instinct maternel. L'histoire le prouve. Ma fille et moi nous sommes apprivoisées doucement. Et c'est encore le cas. Sans ma fille, je crois que ma vie aurait été incomplète. J'aurais toujours cherché à combler quelque chose, mais sans savoir vraiment ce que c'était.

Benoît: Ce que vous me dites m'émeut profondément. En vous écoutant, je mesure une fois de plus toute la distance qui existe entre la femme et l'homme, entre la vie que vous avez donnée à Andréanne et celle que nous recevons. Comme c'est mystérieux! Même si nous, les prêtres, baptisons les enfants, même si nous aimons nous aussi la vie, rien n'est comparable à ce que vous avez vécu dans votre «chair», comme on disait autrefois. Et pourtant, quel enthousiasme quand vous me parlez de votre perception physique du sacré à propos d'Andréanne. Pour une fois... je me sens bien en retard sur vous!

«C'est grand, la vie!» C'est naturel et c'est sacré!

Vous parliez de la nature, et pour moi aussi, le sacré tire sa source de là. À Saint-Michel-de-Bellechasse, j'avais cinq ans environ, nous descendions à l'église en boghei, partis de notre Troisième Rang Ouest à 8 h 30 pour arriver à la grand-messe qui commençait, beau temps, mauvais temps, à 9 h 30. Tout à coup, sur la côte de Beaumont et de Saint-Vallier, je voyais les Laurentides, l'île d'Orléans plus près, le village aux maisons toutes blanches — c'était la coutume —, mais surtout le fleuve tout près, tout près. C'était mon fleuve. Notre fleuve. Bellechasse! Beau pays!

Plus tard, j'ai vu le cimetière de Saint-Raphaël où mes grands-parents étaient «endormis», puis le cimetière de Saint-Michel où «dorment» maintenant mon père et ma mère. Cette présence invisible des ancêtres dans la terre avoisinant l'église demeure fascinante. Marcher dans les cimetières. Sans dire un mot. Simplement pour voir, regarder. Quelle expérience!

Il y avait aussi, pour m'instruire du sacré, le domaine familial, la terre de mon père, Caïus Lacroix, Troisième Rang Ouest. Au «bout du nord» de cette terre serpentait la rivière Boyer. Au «bout du sud», il y avait la terre à bois de Maska, ainsi nommée à cause des Abénaquis qui jadis y vécurent tout près. Nous étions convaincus que cette terre, si rocheuse et si vallonneuse fût-elle, serait toujours ce qu'elle était: une terre sacrée. Pourquoi? C'est qu'elle travaillait l'été et se reposait l'hiver. Sur elle, il y avait les «bâtiments», tous bénis par Monsieur le curé lors de sa visite paroissiale. La terre nous paraissait sacrée parce que, très souvent, nous entendions notre père chanter ses plus beaux cantiques d'église tout en semant, en labourant ou en sarclant! De chaque côté, les terres alignées, colorées, sages. Merveille des merveilles. Encore aujourd'hui, à 80 ans, j'aime revoir tout cela.

Sophie: Vous ne pouvez pas savoir comme j'aime vous entendre parler de Saint-Michel-de-Bellechasse, car ça m'amène à vous parler du coin de pays qui a imprégné mon imaginaire et qui me laisse le cœur heureux, Saint-André d'Argenteuil. C'est là que mon père m'amenait, au printemps, voir le retour des outardes ou cueillir l'ail des bois. L'été, on cherchait des terriers pour trouver des lapins, on faisait des pique-niques et on courait après les poules.

C'est là que j'ai vécu de précieux instants sacrés de l'enfance, ces moments où l'on commence à comprendre la personne que l'on est, et celle que l'on sera. Ces sensations ne reviennent pas avec autant d'intensité à l'âge adulte, car nous sommes trop occupés! Que de souvenirs heureux nous laisse l'enfance!

Il y a eu aussi Rigaud. Mes grands-parents maternels y avaient un chalet. Ils m'avaient construit une maisonnette avec armoires, galerie et corde à linge! On se baignait dans le lac des Deux-Montagnes en gardant nos espadrilles pour ne pas nous entailler les pieds sur les cailloux. Il y avait le quai sur lequel j'aimais courir, puis me donner un élan pour tomber le plus loin possible dans l'eau! C'étaient les fêtes familiales, les repas cuisinés à l'extérieur. Et le soir, blottie dans mon lit, j'entendais le croassement des grenouilles et le clapotis des vagues. C'était la liberté. Bonheurs sacrés!

Benoît: Un autre instant sacré me revient. C'est le moment où ma mère ouvrait son *Paroissien,* un livre de messe où s'entassaient les cartes mortuaires bien classées entre les pages, avec des images saintes de petit format. Encore maintenant, je revois très bien le petit livre de prières de ma mère qu'elle tenait pieusement dans ses mains. Comme il n'y avait pas de livres à la maison, sauf peut-être l'*Almanach du peuple* et nos manuels d'histoire sainte et de géographie, ceux qui n'étaient pas des livres d'école prenaient une extrême importance. Surtout le livre de prières de ma mère. Nous n'osions pas y toucher. Non parce qu'il était neuf, cartonné ou orné; nous avions simplement la certitude que ce livre était habité par tous les saints et saintes et surtout par tous les défunts et défuntes dont maman gardait précieusement les «cartes mortuaires». Chaque jour qu'elle pouvait le faire et jusqu'à la fin de sa vie, m'a-t-on dit, elle feuilletait son petit album... Elle s'arrêtait un instant devant chacune des cartes, puis elle fermait les yeux: elle priait. Lorsque ses prières étaient terminées, elle se levait lentement de sa berceuse et se rendait dans la chambre de la visite, elle déposait son livre dans le deuxième tiroir, prenant bien soin de le glisser sous des vêtements tout propres.

Comprenez que nous étions très impressionnés par ce cérémonial. Toujours le même, toujours aussi respectueux. Ma mère passait sûrement beaucoup de temps avec ses ancêtres. À cause de son livre de prières. Un livre sacré! Le seul qu'elle ait vraiment possédé de toute sa vie.

Sophie: Nous avons des univers tout à fait différents! Vous voyez, de ma mère, je n'ai aucune image de ce type! Ma mère n'était pas très religieuse. Je sentais sa présence aimante et attentive, mais elle ne me parlait pas vraiment de la religion. Rappelez-vous, nous étions au début des années 70! Elle vaquait à ses occupations en écoutant *Les Joyeux Troubadours* à la radio. Je me souviens de l'odeur de la soupe aux légumes qu'elle faisait. C'est resté gravé en moi comme «une petite madeleine de Proust».

Je me souviens des vêtements étendus sur une corde à linge dans le couloir de l'appartement et de la fournaise à l'huile, avec sa flamme vacillante. De la permission suprême qu'elle me donnait quelquefois de lire en mangeant... mais j'avais pris soin de lui faire plein de câlins pour qu'elle accepte.

Les bonheurs d'enfance sont, pour plusieurs personnes, des souvenirs sacrés! Et avoir eu une mère présente dans les moments de l'enfance est un privilège précieux.

Le goût du religieux m'a plutôt été donné par ma grand-mère paternelle. Je crois que les enfants qui n'ont pas connu une certaine connivence avec leurs grands-parents ont de la tendresse en moins dans leur vie! Chère grand-maman! Si elle pouvait être ici pour voir tout ce que fait sa petite «Sophistiquée», comme elle m'appelait, elle en serait contente.

Il me reste alors les souvenirs...

Quand je la voyais se préparer pour aller à la messe — j'adorais aller à la messe avec elle! —, c'était une joie. Elle délaissait son «smock» fleuri — une espèce de robe-tablier qu'elle portait par-dessus ses vêtements pour cuisiner —, elle se pomponnait et s'habillait presque majestueusement. Et elle me demandait de mettre mon «linge le plus beau».

On partait toutes les deux, elle saluait amicalement le brigadier qui nous faisait traverser en face de l'église Saint-Eustache. Elle me montrait les trous qu'avaient fait les boulets de canon lors de la rébellion des Patriotes. Les cloches sonnaient à toute volée! Oui, vraiment, c'était sacré. Dans ma tête de fillette de cinq ou six ans, je savais que quelque chose d'important se passait. Son empressement à me faire suivre les mots dans le *Prions en Église* me frappait. Les immenses tableaux à l'arrière de l'autel, les lustres, le chemin de la Croix, le plancher en bois qui craquait, bref, comme je la trouvais belle, cette église de Saint-Eustache! Encore aujourd'hui, elle me fascine toujours.

Benoît: Chez nous aussi, il y avait les rites sacrés du dimanche. La préparation vestimentaire à effectuer avant de nous rendre à l'église occupait beaucoup de temps. Les hommes autant que les femmes tenaient à mettre leurs plus beaux habits du dimanche. «Les plus beaux habits, on met cela pour aller voir le Bon Dieu» et, plus tard, «pour aller voir le Bon Dieu au ciel». Donc, des habits sacrés, réservés à l'église... et plus tard peut-être au cercueil! Je me souviens moins de ma mère qui se pomponnait —, car elle était trop discrète, trop prude même pour le faire, quoique nous sentions son désir d'être coquette ou plutôt de ne pas avoir l'air moins propre que les autres femmes de la paroisse — que de mon père «qui allait se changer» en revenant de la grange, avant d'atteler le cheval pour la grand-messe. Il prenait tout son temps. Au début, je le trouvais lambin. Mais, peu à peu, j'ai compris ce qui arrivait. À la fois croyant et se moquant des tics d'église, papa aimait beaucoup chanter en imitant les voix de certains membres moins doués de la chorale paroissiale, tout en mettant ses plus beaux habits du dimanche. Alors, il imitait à la perfection le chant des kyrie, gloria ou credo... Il savait tout par cœur, dans un latin plutôt douteux. Mais il chantait et s'amusait, jusqu'à ce que ma mère le sermonne: «Dépêche-toi, il est déjà 8 h 30 et la messe est à 9 h 30.» Mon père sortait aussitôt de la chambre, prêt à partir. Maman l'était aussi. Et nous partions tous, bien endimanchés.

Ai-je appris le sens du sacré de mon père? Plutôt que de ma mère? Je ne sais trop. Je ne sais plus. Le sens du sacré, mon père l'a reçu de sa terre du pays de Bellechasse, simplement à regarder les paysages. Mais il a un don sacré magnifique, celui de la parole. Le don de la parole, il l'avait reçu, disait-il, de ses ancêtres de France dont il ignorait les noms, mais il les respectait au plus haut point.

La parole, il l'a reçue aussi en écoutant les grands politiciens de l'époque; il avait un plaisir fou à nous raconter qu'il avait vu ou entendu Wilfrid Laurier ou Henri Bourassa. Quelle fierté dans ses yeux juste à nous rappeler certains discours! Il nous les répétait, en inventant au besoin des finales interminables: «Mes chers électeurs... Ça me fait un plaisir, pis un honneur d'être avec vous autres dans la plus belle paroisse et le plus beau comté de la province. J'ai dit cela à M. le curé et il m'a dit que c'était ben vrai. Votre gouvernement est le meilleur au monde et je suis venu vous voir pour vous le dire au nom du Premier ministre du Canada. Le savez-vous? Vous avez les plus belles fermes et le plus beau village de toute l'Amérique du Nord. Et c'est le gouvernement qui vous aide, qui vous protège. Le gouvernement vous aime, il ne pense qu'à vous.»

Pour être plus terre à terre, le sacré, je *l'entendais* aussi quand ma mère, fervente religieuse, réagissait fermement contre les sacreurs qui venaient à la maison. Dois-je défiler ici le chapelet de tous les jurons québécois? «Les hommes, si vous continuez à sacrer, vous n'aurez pas à dîner.» J'apprenais aussi les mots plus heureux à dire: ainsi, à la grand-messe, quand M. le curé parlait de Jésus et de la Vierge Marie, je savais que ce n'était pas la même chose.

Étrange, quand même, que j'aie appris mes premiers mots sacrés en entendant les sacres du pays! Répétés religieusement par M. le curé! Comme dit sainte Thérèse de l'Enfant-Jésus: «Tout est grâce!»

Sophie: Mes parents, même s'ils étaient croyants, ne m'ont pas laissé autant de souvenirs sacrés religieux.

Benoît: Ils étaient d'une autre génération...

Sophie: Oui, c'est vrai. À cause de leur éducation, ils avaient baigné dans une atmosphère fortement religieuse. Mais déjà, leur foi à eux se limitait aux préceptes ordinaires: la messe hebdomadaire et les sacrements. Ils avaient une morale stricte, mais ils ne m'ont pas laissé de traditions religieuses vraiment serrées.

Dans un autre domaine, les paroles d'un enfant qui fait ses premières découvertes ou qui prononce ses premiers mots, ses premières phrases, sont sacrées. Vous êtes-vous déjà rendu compte qu'un enfant parlera la langue qu'on lui aura apprise? Il est là, prêt à assimiler toutes les langues, et celle du cœur aussi!

Et dire que vous, pendant tout ce temps, vous parliez latin! Chères élites religieuses!

Mais votre sacré, encore?

Benoît: Je l'ai senti, et avec grande émotion, lorsque j'allais me promener dans les cimetières de guerre de Normandie, de Bernières, de Falaise et de Benny-sur-Mer. Mais surtout dans celui d'Omaha Beach avec ses 10 000 croix blanches alignées et ses quelques étoiles, à cause des Juifs. Je lisais les inscriptions, caporal X, sergent Y, tous morts dans la vingtaine ou presque. C'était à la limite du supportable. Ils avaient donné leur vie pour nous. Sans savoir pourquoi peut-être. Peu importe. Ils étaient là, morts pour nous qui faisions la belle vie, la pluie et le beau temps! Depuis ce temps-là, les personnes qui meurent en offrant leur vie aux autres me fascinent et je comprends mieux Celui qui a dit qu'«il n'y a pas de plus grand amour que de donner sa vie pour ses amis».

Sophie: Je suis déjà allée au camp de concentration nazi Struthof, en Alsace. J'y ai vu les baraques, les cuves de formol dans lesquelles on conservait les corps de certains Juifs pour procéder à des expériences, le four où on brûlait les autres, bref les vestiges de cette folie meurtrière due à un seul homme, Hitler. Puis, quand j'ai aperçu à côté le cimetière et ses milliers de croix, j'ai été envahie d'un respect sacré pour ces personnes qui sont disparues à cause de la démence d'un fanatique.

En arrivant à cet endroit, on demande aux visiteurs de garder le silence. La parole devient superflue.

Et à Verdun, en Lorraine, que dire de cette longue route, la «Voie sacrée», la seule qui n'est pas numérotée en France, où sont passés les milliers de soldats, les tanks et les munitions, lors de la Première Guerre mondiale. Toutes ces personnes qui ont donné leurs vies, c'est à la fois admirable et angoissant. Ne rien ressentir en voyant cela, j'imagine que c'est être insensible.

Benoît: Et si je vous parlais de sacré, tel que je l'ai vécu à mon ordination sacerdotale? Encore là, le plus beau est dans le non-dit. Quelqu'un m'a appelé: «Viens et suis-moi!» Et j'ai répondu à l'évêque-médiateur: «Oui, pour toujours.» Le reste, c'est de la dentelle, le consentement à donner sa vie aux autres, sans condition.

Est-ce que j'en oublie? Mais non! J'ai gardé le **signe** le plus simple et le plus émouvant de tous, le signe de la croix, le plus quotidien en un sens et le plus rassurant à tous égards. Puis, à cause de Jésus inspiré de sa propre tradition, il y a le signe du pain et du vin, dans un contexte d'amour: prenez du pain, prenez du vin, c'est moi, c'est mon corps, c'est mon sang, c'est nous! Le plus grand rendez-vous mystique de tous les temps!

Sophie: C'est beau ce que vous me dites sur votre ordination! Je vous remercie de m'en avoir parlé, vous ajoutez au plaisir que j'ai de vous connaître. Maintenant, j'ai envie de vous rappeler un événement qui va nous faire changer de registre.

Souvenez-vous du 6 décembre 1989. La tragédie de l'École polytechnique de Montréal où 14 femmes furent tuées me glace encore le cœur. Le sacré absurde. Quel malaise, quand j'ai entendu les nouvelles! Pourquoi, comment, tout se bousculait. La suite dans les médias n'a pas toujours été respectueuse de l'événement. Querelle entre les féministes, les soi-disant féministes, les pas féministes ou celles qui ne se sentaient pas concernées. Ce drame touchait toute la société. On en a fait un règlement de comptes. Je pensais souvent aux familles des victimes et je me disais qu'on oubliait de communier à leur douleur, pour soutenir des convictions personnelles.

Je ne cesse de faire comprendre cela à mes élèves pour que s'insère en eux ce sentiment d'un événement sacré tragique qui n'a aucune explication, aucune logique.

Parce que le sacré n'est pas qu'heureux. Il est quelquefois à la limite du consternant.

Benoît: Vous me rappelez un bien triste souvenir. Tout comme le vendredi où l'on a assassiné le Christ sans autre raison que parce qu'il parlait trop haut. Quatorze jeunes femmes assassinées au nom d'une théorie encore peu affirmée. Tuées par un garçon de leur âge. J'ai souvent cherché dans la tragédie grecque des rapports avec cet événement et j'en ai trouvé peu qui puissent se comparer à cette tuerie.

Ce fut d'autant plus triste pour moi que j'habite à quelques pas du lieu du massacre. La fenêtre de ma chambre est exactement en face de l'entrée de la Polytechnique. Je me souviens d'avoir vu arriver toutes ces ambulances et ces voitures de polices. J'ai pensé qu'il y avait un incendie.

À la Maison-Blanche tout près, centre étudiant universitaire, les aumôniers ont voulu proposer leurs services. Ce ne fut guère possible. On trouvait l'événement trop affreux pour y mêler des rites religieux quelque peu conventionnels. «Nous n'en avons pas besoin», fut la réponse. Mais chassez le sacré, il revient au galop. Vingt-quatre heures plus tard, le 7 décembre à 18 h, j'ai vu des centaines d'étudiants et d'étudiantes écrasés par le chagrin, plusieurs pleurant ouvertement. Comme par instinct, ils ont envahi les rues et ont marché silencieusement, bougies allumées en main, vers la montagne, à l'Oratoire. Ce n'était pas pour eux un rite religieux particulier, mais un rite de purification, un rite pénitentiel. Les meurtres avaient eu lieu sur la montagne où est située l'École polytechnique et il semblait presque normal de la gravir une autre fois. Le plus émouvant, je l'ai vu, même si je n'ai pas suivi le cortège jusqu'à l'Oratoire, c'étaient le silence, les larmes, les flammes des cierges, une majorité de jeunes, francophones et anglophones, garçons et filles, tous ensemble, sans distinction de race, de couleur ni même de religion. Seuls la lumière des cierges et le silence, un soir sombre du 7 décembre. J'ai compris en même temps à quel point la douleur pouvait être créatrice de sacré. De même, j'ai admiré les responsables de l'oratoire Saint-Joseph d'avoir respecté cette cérémonie en ne lui ajoutant rien, sinon une hospitalité qui accueille tout le monde, ne juge pas, ne s'impose pas. J'ai aussi vu l'importance des symboles. Par exemple, cette offrande de fleurs rouges, jetées dans la neige devant la Polytechnique, avant le départ du défilé.

Quelques jours plus tard, il y eut une grande cérémonie à la basilique Notre-Dame et les gens se sont retrouvés dans la douleur un peu plus apprivoisée. La cérémonie fut en un sens grandiose. Deux éléments m'ont paru mieux représenter les cheminements du sacré. Le premier, mal connu, est que les étudiants de la Polytechnique aient refusé par pudeur et par discrétion d'occuper le chœur, habituellement réservé aux prêtres et, à la fin de la cérémonie, 14 étudiantes, étudiants — ou 13, puisqu'il manquait un cercueil — partirent offrir des cendres, chacune, chacun se plaçant devant un cercueil. Ce fut là un grand moment, un geste magnifiquement sacré. À cause du symbole de l'offrande, à cause de la démarche comme telle, à cause de l'encens qui s'élevait dans l'air et qui permettait à chacun d'élever sa pensée dans une direction verticale, comme pour montrer la puissance de l'esprit humain qui tente de dépasser une réalité insupportable.

Sophie, avez-vous vu d'autres manifestations du sacré chez les jeunes, vous qui en côtoyez plusieurs?

Sophie: Je vois de belles initiatives chez les adolescents, mais elles ne sont jamais mentionnées dans les quotidiens ni même, plus ironiquement, dans les documents du ministère de l'Éducation! Évacuons ce qui n'est pas technique, rentable ou médiatique! Des élèves qui, en pastorale, mettent sur pied des projets pour aider les autres, préparent des soirées pour les aînés, vont servir des repas à l'Accueil Bonneau. Ça ne vaut rien pour une certaine intelligentsia ministérielle. Pourtant, c'est probablement une voie intéressante pour découvrir le sacré.

Je me souviens de quelque chose de fort émouvant. Il y a quelques années, une élève de notre polyvalente est morte, au début de septembre. Au salon funéraire, il y avait tellement de jeunes qu'on avait de la difficulté à entrer. Les jeunes pleuraient, se consolaient... C'était vraiment émouvant. Tout à coup, quelques-uns de mes élèves viennent me voir et me disent: «Sophie, viens prier avec nous. L'église est en face...» Je n'en revenais pas. À ce moment-là, j'ai compris à quel point ils avaient besoin de sacré.

J'ai fait des pieds et des mains pour faire déverrouiller l'église — on avait peur qu'il y ait du grabuge, quelle ironie — et je me suis portée garante de leur comportement...

J'étais ahurie de voir ces élèves de quatorze ans qui m'amenaient à l'église. Comme si elles — c'étaient toutes des filles — sentaient un appel, qu'elles avaient besoin d'un endroit sacré pour accueillir leur peine.

Récemment, j'ai appris que deux ou trois des meilleures amies de cette jeune fille se recueillent annuellement sur la tombe de leur compagne à la date anniversaire de sa mort. Elles lui apportent des lettres, des oursons en peluche, des fleurs. Elles font deux heures d'autobus pour se rendre au cimetière et tiennent à ce geste mordicus. N'est-ce pas là une belle forme du sacré?

Dernièrement, une élève me disait qu'une église vide l'attirait beaucoup et qu'elle aimait y brûler un lampion. Par contre, la messe, il ne faut plus y penser, même si les jeunes ont le sens du sacré, ça, j'en suis tout à fait convaincue.

Benoît: Et vous, Sophie, si je peux oser vous poser cette question, le sacré vous habite-t-il?

Sophie: S'il faut vous croire, le sacré serait partout, alors!

Benoît: L'amour est-il sacré pour vous?

Sophie: Oui, l'amour est sacré dans ma vie. Tout part de là et tout revient à cela. C'est le moteur de ma vie. Lorsque je me rends compte que je fais quelque chose et qu'il n'y a plus d'amour, de passion, j'abandonne. L'affection des êtres qui m'entourent passe avant tout. En raison de sa nature, l'amour nous amène à toucher l'infini en nous. C'est à ce moment qu'on est véritablement humain, dans la plénitude du terme. Mais je n'essaie plus de définir l'amour dans des concepts précis comme on le fait quand on est plus jeune.

Benoît: Comme j'en aurais long à dire sur l'amour en tant que forme vivante du sacré! Mais je crains d'être théorique. Le danger me guette. Je préfère continuer à vous écouter parler de votre sacré.

Sophie: L'autre aspect sacré de ma vie, ce sont les livres. Pour moi, un livre, c'est le souvenir, la perception d'un autre être humain, là, sous mes yeux. C'est une communion, une transcendance du temps. Comment peut-on lire du Maupassant ou du Baudelaire et ne pas être étonné de découvrir une connivence, malgré les années qui se sont écoulées, entre l'auteur et nous! Étonnant aussi de retrouver chez un auteur contemporain les mêmes questionnements qui nous tenaillent! C'est pourquoi je trouve qu'une maison où il ne traîne aucun livre est une maison bien triste, sans âme.

Cette aventure sacrée a commencé tôt. À six ans, extasiée, je regardais les livres de la bibliothèque de mon père. C'étaient mes amis, mes confidents — je remplaçais les frères et les sœurs que je ne n'avais pas comme je le pouvais! Nous avions beaucoup de livres, car mon père, grand lecteur, était lithographe pour une maison d'édition de Montréal. Quand je voyais le nom de l'imprimeur sur la dernière page du livre, je me disais que mon papa avait participé à l'élaboration de mes bonheurs. Ça ajoutait à la fascination! À côté, se trouvaient les Livres de Poche.

Aurai-je le temps de lire tout cela? me disais-je. Depuis l'enfance, je porte en moi cette angoisse du temps qui passe. Devant toute l'immensité de savoir qui nous est donnée, comment arriver à tout connaître? Bref, ça m'angoissait. Cette maxime de Jules Renard — «Il y a tellement de livres que je n'ai pas lus. Alors, je sais que je pourrai être heureux encore longtemps.» — a quelque peu consolé mes angoisses existentielles!

Un matin, sur l'accoudoir du fauteuil préféré de mon père, un livre traînait: *Le calepin d'un flâneur*. Une couverture orangée — c'était l'édition de 1961, chez Fides —, le grand «C» qui enlaçait le «L», une écriture un peu gothique, ce livre m'a attirée tout de suite. Je n'ai même pas remarqué le nom de l'auteur... convaincue que c'était mon père qui l'avait écrit. Je n'en revenais pas! En plus d'imprimer ces livres qui faisaient mon délice juste à les regarder, mon père avait un livre à son image! Comme mon père aimait flâner et qu'il s'asseyait souvent dans ce fauteuil pour lire, j'en étais venue à la conclusion que ça ne pouvait être que lui l'auteur de ce livre. J'étais persuadée que le flâneur, c'était lui! Plus tard, j'ai beaucoup ri quand j'ai vraiment lu ce livre et que j'ai appris qu'il avait été écrit par Félix Leclerc.

Benoît: Je vous écoute. Médusé. Parce que chez nous, ce n'étaient pas les livres qui étaient sacralisés. Il n'y en avait pas, je l'ai dit, sauf nos livres de classe et, beaucoup plus tard, quelques livres reçus en prix de fin d'année, à la petite école, puis au collège.

Comment ai-je développé l'amour des livres, jusqu'à en écrire moi-même, et jusqu'à «monter» avec des confrères la Bibliothèque de l'Institut d'études médiévales, soit plus de 60 000 volumes... Comment expliquer que le livre me soit apparu plus tard comme sacré jusqu'à lui donner une partie importante de ma vie? Tout de suite, je dirais: l'influence du milieu immédiat. Et, dans mon cas, ce milieu, c'est la Communauté des Pères Dominicains qui ont pour le livre des attentions si grandes que la plus belle salle de notre maison de Montréal est celle des livres. Il y eut ensuite l'influence de la Bible, étudiée, commentée et prêchée à l'occasion. Le Livre des livres! Extraordinaire richesse!

L'exemple de mes professeurs et amis français, Étienne Gilson et Henri-Irénée Marrou, dont l'enseignement magistral était reflété dans leurs livres, fut pour moi décisif. Peut-être aussi que parce que j'avais un don pour le mouvement et la parole en abondance, le livre — surtout s'il faut l'écrire — me forçait à demeurer en cellule, calme et admiratif.

Bref, pour vous, le livre fut sacré dès votre enfance; pour moi, il le devint par médiation et j'estime que, de ce point de vue, vous avez davantage le sens du sacré que moi.

Sophie: Je n'ai pu m'empêcher de demander à des gens de mon entourage quels étaient les instants de leur vie qu'ils considéraient comme sacrés.

J'ai été particulièrement touchée par le récit d'une amie que j'affectionne beaucoup. Cet événement démontre bien que le sacré surgit parfois au moment où l'on s'y attend le moins. Il nous rend heureux ou nous bouleverse. Dans la vie, il y a toujours des moments clés où l'on se remet en question, où l'on doit prendre une décision, donner un virage à notre vie. Ces moments peuvent déterminer bien des événements qui suivront et ils peuvent nous effrayer. C'est une décision à prendre qui ne laissera personne indifférent et qui peut-être détruira, fera mal à des gens autour de nous. C'est l'instant de doute, d'appréhension. On aimerait avoir un signe. Mais la décision ne revient qu'à nous, en notre âme et conscience.

Pour cette amie, c'était une de ces nuits où l'angoisse nous étreint. Dans les Évangiles, on appelle cela la Passion. Quand la fébrilité du jour disparaît, elle nous met souvent en face de nos peurs les plus profondes. Cette amie vivait une telle nuit. C'est comme si elle était devant un miroir et si elle se demandait qui elle était, quel virage faire prendre à sa vie, à sa «vocation», à son avenir et le sens de cet avenir.

Elle a eu une véritable sensation de bas-fond; une impression qu'elle touchait à la vérité, la sienne, et que celle-ci dérangerait bien des gens. Elle était dans une des époques charnières de sa vie et, malgré le souvenir lancinant de cette nuit, elle a réussi à me dire que cet instant était sacré et que le souvenir qu'elle en conservait n'avait rien de tragique, bien au contraire.

Il lui semble avoir touché le plus profond de son être... Elle s'est connue, s'est permis d'être elle-même. À ce moment-là et plus tard. Et elle a pris la décision qui s'imposait à la suite de ses réflexions. Sa décision? Délaisser une vocation religieuse qui n'était pas pour elle en sachant fort bien que des gens la laisseraient tomber à la suite de cette décision, car elle ne cadrerait plus avec les perceptions qu'ils avaient d'elle et des attentes irréalistes envers elle. Et cette décision était d'autant plus difficile à prendre qu'elle savait que ça serait un dur moment à passer. Des deuils à vivre, des gens qui jugeraient.

Benoît: Le sacré peut aussi inclure d'autres personnes sans qu'elles le sachent nécessairement. Quand je suis allé en France, la première fois, je n'ai pu m'empêcher de penser à Caïus, mon père, qui ne savait même pas où était l'Europe, mais qui avait bercé mon enfance avec la chanson qu'il nous chantait avec émotion *Jadis, la France sur nos bords*. J'étais très ému en arrivant. C'était en 1952, je crois. Quand, sur le pont du bateau, je vis pour la première fois la terre de France, je me suis mis à pleurer tellement j'étais ému. Je me suis senti un peu ridicule.

Sophie: Mais pas du tout. Pleurer est sain. Ça prend bien une femme pour vous le dire! À Saint-Eustache, il y a une quarantaine d'années, il y avait le collège Sacré-Cœur où tous les garçons étudiaient jusqu'à l'âge de 14-15 ans. C'était un bâtiment magnifique — malheureusement, on s'est empressé de le détruire vers la fin des années 70. Quand j'étais petite, j'allais souvent voir cette école où mon père avait étudié et je trouvais cet édifice imposant. Malgré son aspect abandonné, je n'en revenais pas de voir cette école où mon père avait passé des années de son enfance. J'étais émue, moi aussi. Alors, je comprends facilement votre sentiment lorsque vous êtes arrivé en Europe!

Benoît: Je remarque, Sophie, que notre enfance nous a laissé, à vous comme à moi, de chaleureux souvenirs! Êtes-vous soucieuse d'en faire autant pour Andréanne?

Sophie: Bien sûr! Mon emploi me permet d'avoir de longues vacances. Alors, je peux profiter de ce temps béni pour être avec ma fille, plus attentive et plus détendue! Je lui dis: «On se fabrique des souvenirs.» De plus, les voyages avec l'homme que j'aime sont nos instants sacrés. En dehors de toute contrainte de temps, nous découvrons des lieux, parlons avec des gens nouveaux et, par le fait même, nous rechargeons nos batteries.

Ces moments sont indispensables à la survie de notre amour familial et conjugal!

Benoît: Dites donc, Sophie, nous en avions long à dire sur le sacré dans nos vies!

Sophie: Tout à fait.

Chapitre 3

Des personnes qu'on a aimées

Le désir de rejoindre l'autre et non de l'effleurer.

Brigitte Haentjens

Sophie: Je vais ressortir ma philosophie collégiale pour vous impressionner, Benoît. Sénèque n'a-t-il pas dit que «l'homme est quelque chose de sacré pour l'homme»? Certains auteurs, des penseurs comme Elie Wiesel ou David Grossman, s'entendent pour dire que seule la vie est sacrée. Si c'est ainsi, il serait intéressant que l'on se parle des personnes qui nous sont chères.

Benoît: Parlez-moi d'Andréanne, votre chère Andréanne.

Sophie: Dès l'adolescence, certains spécialistes m'avaient déclaré qu'il pourrait m'être difficile d'avoir un enfant. Finalement, Andréanne est arrivée. J'y ai vu un signe de Dieu et je ne suis pas gênée de le dire. Ça a été le début d'une grande aventure et, jour après jour, je découvre que le sens de la vie, c'est peut-être de la donner. Avec Andréanne, je réalise quotidiennement que les plus grandes théories, les grands discours économiques ou politiques ne sont rien, comparativement au bonheur de voir son enfant grandir. Rien n'est facile cependant. Je m'inquiète sans cesse pour ma fille. Le caractère sacré n'évacue pas le questionnement ou l'angoisse. Pas dans mon cas!

Maintenant, je comprends mieux les paroles de Khalil Gibran: «Vos enfants ne sont pas vos enfants: ils sont les fils et les filles de l'appel de la vie à elle-même. Ils viennent à travers vous, mais non de vous...» Quelquefois, je regarde Andréanne et je trouve étonnant d'avoir pu vivre quelques années de ma vie sans elle! Mais, moi aussi, j'ai envie de vous entendre me parler des personnes qui vous sont chères.

Benoît: J'estime que, même si je n'ai pas eu d'enfants, mon univers humain n'en est pas moins peuplé de sacré. Tout de suite, vous devinez que je parlerai de ma mère, de mon père, de ma famille naturelle, de ma famille religieuse et de tant d'êtres que j'ai rencontrés tout au long de ma route.

Parmi ces personnages «sacrés» qu'il me plaît de rappeler, je nomme d'abord mon père. Non parce qu'il était un être pieux, dévot, tout à Dieu et aux anges. Mais non, c'était plutôt un homme racé, habitant de profession, comme il dirait, un savant de la tradition orale, conteur à ses heures, politicien à ses jours, organisateur libéral dans les cuisines de Bellechasse et voleur notoire d'élection.

Sophie: Voleur d'élection?

Benoît: C'est du su et du connu au Troisième Rang et dans le comté que, le jour de la tenue d'une élection, il fallait aller frapper à la porte des indécis, des handicapés, des gens âgés et surtout offrir de les amener, et gratuitement s'il vous plaît, au bureau de scrutin. Ces services supposent une dernière chance d'influencer un électeur à voter en faveur du candidat idéal, donc, selon mon père, le candidat libéral. Et quel électeur, dans le Troisième Rang, qui, sortant rarement de la maison et, se voyant tout à coup offrir gratuitement un beau tour de boghei ou de sleigh, n'était pas tenté d'accepter l'invitation? Rien de très sacré, j'en conviens, à atteler, à la dernière minute d'une journée d'élection, son plus beau cheval sur la plus belle voiture et à conduire dévotement monsieur ou madame qui votera «du bon bord». Du sacré perverti, direz-vous. De toute façon, la démarche est publique. Il s'agit d'un acte tactique qui suppose du flair et un sens inné de l'efficacité. Et papa disait fatalement: «C'est pas défendu de rendre service même le jour des élections!»

Sophie: Nos mœurs électorales ont-elles vraiment changé? L'honnêteté a-t-elle fait du progrès? J'en doute. Mais parlez-moi encore de votre père, Caïus.

Benoît: Mon père était surtout un homme de dialogue et de tendresse dans sa manière d'être avec les autres. Un homme de parole aussi: quand il disait quelque chose, tout devenait «parole de foi». Il n'hésitait pas à changer d'idée, mais il répétait souvent: «Une idée après l'autre... Et si tu dois changer d'idée, sois certain que celle que tu as est meilleure que la précédente.» Idée meilleure voulait dire: idée plus vraie. Rien ne l'effrayait. Quel personnage haut en couleur!

Sophie: Et il avait l'air d'être avant-gardiste en plus! Vous démolissez, cher Benoît, mes préjugés sur les hommes de cette époque, moi qui croyais qu'ils étaient austères! Et votre mère?

Benoît: À la maison, ma mère était la personne «la plus officiellement sacrée». Une femme intérieure, priante, craintive à ses heures, peut-être scrupuleuse, mais surtout soucieuse de ne pas nous troubler avec ses opinions. C'est elle — et non mon père — qui veillait sur notre éducation; c'est elle qui a pris les mesures pour que nous fassions des études; c'est elle seule qui nous écrivait au pensionnat. Et elle écrivait bien. Autant que papa parlait bien. Tous les deux, sans le savoir, avaient le souci des mots justes.

Mais, pas plus dans ses écrits que dans la vie quotidienne, elle ne nous montrait son affection; jamais elle ne nous a dit qu'elle nous aimait, prétextant que les actes sont plus éloquents que les paroles. Comme elle, enfant obéissant, je n'ai pas essayé de lui dire que je l'aimais. Pourtant, c'était si évident. Ses gestes parlaient, alors, nous étions certains qu'elle nous aimait. Ma mère était très discrète, elle était seule, en un sens. Elle parlait peu, peut-être parce qu'elle devait écouter mon père et qu'en parlant moins, elle goûtait davantage le moment de dire la vérité. N'oublions pas qu'elle aimait le silence. À ma mère encore, je dois d'avoir appris par cœur mes «actes», c'est-à-dire mes prières.

Sophie: Dorénavant, nos lecteurs savent que vous ne tenez pas de votre mère, pour la parole en tout cas!

Benoît: Sophie, un peu de respect vu mon âge! Mais j'aimerais parler d'un autre personnage sacré, mon grand-père Blais. À l'époque, je devais avoir trois ou quatre ans et je le revois encore, au bout de la table. Nous sommes sans doute à Saint-Raphaël. Je le revois plutôt silencieux, souriant. Je ne me souviens pas de lui avoir parlé. Mais il était là, assis, avec sa belle barbe blanche. Je le considère comme l'être sacré quasi idéal. La Bible aurait dit de lui: un vrai Melchisédech. Et depuis, cette image n'est jamais disparue de ma mémoire. Je définirais la personne sacrée comme une personne âgée, un peu en retrait, davantage silencieuse, souriante aussi, mais presque inaccessible.

Sophie: J'ai la chance d'avoir encore mes deux grands-pères et ma grand-mère maternelle. Et lorsque je les regarde, j'éprouve toujours une certaine ambiguïté dans mes sentiments. Je les vois maintenant, vulnérables et moins alertes; ils ont vieilli, et pourtant, je voudrais les croire éternels.

C'est une illusion de l'enfance. Je voudrais continuer de les voir tels que je les ai toujours connus. J'aimerais qu'ils ne changent pas. Pourtant, il faudra bien que j'accepte de les voir partir un jour. Mais pour moi, ces personnes sont sacrées et, à cause de leur âge, j'ai un immense respect pour elles.

Benoît, parlez-moi de cet être nommé Dieu, dont il est question depuis tant de siècles, et qui doit être pour vous *la* personne sacrée par excellence.

Benoît: Dieu! Mais c'est tellement mystérieux de parler de l'Être en tant que tel, si grand, si vaste! Les mots me trompent à mesure que je les dis. Dieu est l'Être unique en soi. **Il est** la source. En lisant la Bible, j'ai une intuition de Dieu, une perception de l'ineffable.

Sophie: Les mots trahissent. Vous n'êtes certain de rien. Il n'y a pas de certitude sur Dieu, plutôt une intuition. Ne tombez pas dans un intégrisme ou des coups de vérité qui, moi, me font sortir de mes gonds. Vous savez, ces gens qui proclament haut et fort qu'ils ont trouvé *la* vérité en Dieu, ça me donne de l'urticaire! J'ai le goût de leur répondre «mais qu'est-ce que la vérité?» À mon avis, la vie est beaucoup trop riche pour qu'on prétende avoir accédé à une certaine vérité ici-bas.

La Vie dépassera toujours nos convictions les plus ancrées. J'ai en horreur ces gens dogmatiques, qu'ils soient religieux, scientifiques ou nouvel-âgistes. Parce que la science, la religion ou certaines théories ont répondu momentanément à leur angoisse et à leur questionnement, ils prétendent avoir touché *la* Vérité. Horreur! «Méfiez-vous de ceux qui disent posséder la vérité et croyez en ceux qui la cherchent»: cette phrase d'André Gide est ma phrase fétiche par excellence. Mais je me suis emportée. Votre Dieu, donc, vous fait penser à quoi?

Benoît: À l'être humain. Je suis certain que l'être, parce qu'il existe, est créé. Il ne peut exister sans son maître. Ce n'est pas un chef d'entreprise! Nous sommes dans un monde mystique, et non dans un monde capitaliste.

Sophie: Le croyez-vous vraiment? Ou bien est-ce votre bonté qui vous aveugle? Nous sommes dans un monde matérialiste qui recherche *son bien*.

Est-ce que ça change quelque chose dans votre vie de dire Dieu?

Benoît: Je me sens en sécurité, libre, à cause de Lui, de son existence.

Sophie: Une illusion?

Benoît: Sacrée illusion! Si je dis que l'être est une illusion, tout le devient. Les choses **sont**. À partir de ce que je vois, je me dis qu'il y a une source.

Sophie: Comme Voltaire disait: «Pas d'horloge sans horloger...»

Benoît: La spiritualité juive m'aide beaucoup, elle me fascine. Notamment, Elie Wiesel, c'est Job qui a souffert et qui se reprend. Dieu lui dit: «Va dehors, regarde. Dis-lui que j'existe.» Comme vous et moi, Sophie. On fait plus que partager des idées et des mots. On est ensemble. Dieu existe.

Sophie: Mais ça demeure *votre* conviction. Je connais des gens agnostiques et ça leur prendrait plus que ces belles paroles pour croire!

Benoît: Les musulmans ont 99 mots pour dire Dieu, mais les mots m'intéressent moins que l'existence. Comme sainte Thérèse de l'Enfant-Jésus le disait: «On n'aura jamais assez confiance en Dieu.» Plus on a confiance, plus on est pardonné. Cette conviction d'une petite Normande qui a frôlé la névrose et qui est toujours retombée sur ses pattes dans un milieu familial fragile m'a séduit. Elle est sacrée pour moi.

Sophie: Pourquoi elle? Plein de gens ordinaires vivent des situations bien pires, aujourd'hui!

Benoît: Thérèse de l'Enfant-Jésus n'est pas un symbole d'échecs, mais d'étapes qui conduisent à la liberté intérieure, la vraie!

Vous savez quoi, Sophie? Si j'avais été mère, j'aurais éduqué mes enfants *pour*, *dans* et *avec* la liberté. Pas la liberté qui permet n'importe quoi, mais celle qui permet de choisir ce qu'il y a de mieux.

La liberté-choix.

La liberté-privilège.

Il n'y a pas d'amour sans liberté. Comme dans le couple...

Sophie: La liberté, on l'a masquée beaucoup. Que de crimes commet-on en son nom! Nos cours de philosophie ont été bien muets sur le sujet. Aujourd'hui, elle ressemble à l'anarchie. Entre les personnes, en amour comme en amitié, elle est plutôt un «je te veux, je te prends», sans pudeur ni gêne ni regard sur les conséquences. Il me semble qu'on perd alors l'importance de la personne humaine et son *sens* sacré, car les autres rendent le sacré plus accessible, plus «palpable». Le Christ parle de cela en disant: «Qui a vu mon frère, m'a vu.»

Ma fille est sacrée, car elle m'amène à me surpasser jour après jour. Mon conjoint l'est aussi; il a fait en sorte que j'ai redécouvert l'amour et m'a resituée par rapport au mystère de l'autre. De plus, c'est un véritable bonheur de découvrir l'homme que j'aime, jour après jour, un peu plus. Il m'a réconciliée avec l'amour, m'a fait croire qu'il était possible d'aimer de nouveau et a contribué à ma guérison amoureuse complète.

Ma mère est aussi une personne sacrée dans ma vie. Un peu comme votre mère, Rose-Anna, elle ne m'a jamais tenu de grands discours. De plus, seulement vingt ans nous séparent. Ma mère est une femme d'intuition et ses gestes me suffisent pour comprendre. Elle a toujours été une personne déterminante dans ma vie, compréhensive à l'infini, l'incarnation même de l'amour inconditionnel et absolu.

Jamais elle ne me laisserait tomber, même si je lui faisais la plus grande des peines. Mon bonheur compte plus que le sien et cette façon qu'elle a de me «ressentir», de déceler mes états émotifs, c'est incroyable. Si je suis heureuse, elle le sera. C'est la tendresse à l'état pur. Quelle chance j'ai! À 30 ans, je suis encore incroyablement choyée et dorlotée par ma mère. Que ferais-je sans elle?

Benoît: Y a-t-il d'autres personnes qui vous tiennent à cœur?

Sophie: Ma grand-mère Lucielle a aussi été une personne sacrée. Elle a tenu la première place parmi les figures de mon enfance. Quelle peine quand j'ai appris que ses trous de mémoire, ses faiblesses n'étaient pas simplement dus à la vieillesse, mais à la maladie d'Alzheimer.

Un samedi, je l'ai amenée au restaurant, j'avais environ 16 ans. Je pressentais que ce repas revêtait un caractère particulier. Ce serait probablement le dernier repas que je prendrais avec elle, car elle n'était plus très lucide.

Au restaurant, j'étais très émue. Je regardais ma grand-mère qui tremblait et qui souriait à des gens qui ne la connaissaient pas et qui semblaient la trouver un peu dérangée. Mais, dans mon cœur d'adolescente, cette sortie avait une portée très significative et elle restera gravée dans mon esprit à tout jamais. Je lui tenais la main et elle ne semblait pas trop comprendre. Mais je crois qu'en même temps, elle ne comprenait que trop.

Lorsqu'elle est décédée, des années plus tard, après de nombreuses souffrances, j'ai pleuré comme une Madeleine. Surtout de savoir que cette grand-mère tant aimée ne s'était jamais rendu compte que le petit bébé que je lui avais mis dans les bras était son arrière-petite-fille. Je crois que c'est cela qui m'a le plus peinée. Je n'avais pu «boucler la boucle» de notre complicité si profonde en lui disant: «Tiens, grand-maman, ta petite-fille est devenue une mère...»

Après la mort de quelqu'un, beaucoup de souvenirs enfouis depuis longtemps refont surface. Ce qu'on croyait loin se retrouve quelquefois là, intact.

Et j'ai compris à quel point ma grand-mère avait eu une influence déterminante sur ma façon de voir la vie. Elle avait toujours été ma gardienne attitrée et, comme bien des femmes de cette époque, elle était entièrement dévouée à son mari. En catimini, le dimanche, elle me disait: «Va demander à grand-papa s'il ne nous amène-rait pas "en machine" faire le tour du comté d'Argen-teuil.»

À tout coup, je réussissais à amadouer mon grand-père Lucien, assez grognon à l'époque, et nous partions dans sa Ford Mercury 1966 aux bancs spacieux. Saint-Hermas, Lachute, Saint-André d'Argenteuil, Carillon, c'était notre itinéraire. Ma grand-mère jubilait, je regardais les paysages défiler et j'avais hâte que mon grand-père arrête son véhi-cule et me paie une frite et un *cream soda* au casse-croûte de Saint-André. Grand-maman était alors très fière de pou-voir «montrer» sa petite-fille.

De plus, cette fameuse grand-mère était en avance sur le Québec multiculturel!

Benoît: Eh bien! Sophie, vous aviez une grand-mère à la mode!

Sophie: En effet, Benoît, quand j'avais huit ans, elle gardait deux petites Jamaïcaines de deux et quatre ans, qui l'appelaient

«Nanny». C'était au début des années 70 et, dans un petit village comme Saint-Eustache, elle ne passait pas inaperçue lorsqu'elle allait faire son marché! Grand-mère était dévouée à celles qu'elle appelait affectueusement ses «petites noires».

Et que dire des souvenirs de Noël qu'elle m'a laissés, avec toute la magie qu'elle savait créer, les petits cadeaux cachés dans des boîtes énormes, la bouffe gargantuesque, les sucres d'orge — indispensables —, et les souvenirs de ses Noëls à elle qu'elle me racontait. Ce qui m'étonne, c'est de voir à quel point elle était d'une générosité sans bornes. Les femmes de cette génération n'avaient pas de limites.

Après toutes ces réflexions, je me rends compte à quel point je suis riche. Riche des personnes sacrées qui m'entourent ou qui m'ont entourée.

Benoît: Je sens que vous avez envie de parler encore d'autres personnes.

Sophie: Oui, je pense à mon amie Dominique, qui est une amie sacrée, la plus précieuse. Une amitié qui dure depuis au moins vingt ans. Les joies, les peines de l'adolescence, les crises de l'âge adulte, c'est avec elle que je les ai traversées. Comme je l'aime! De nouvelles personnes se greffent aussi à cet univers sacré. Gisèle, je l'ai connue par le biais de sa fille, qui était une de mes élèves. Elle est devenue une amie irremplaçable, avec une écoute exceptionnelle, dont je ne me passerais plus. Chacune de mes amitiés a ses particularités et c'est très enrichissant.

Et quel bonheur de voir dans les réunions de famille mes grands-parents, mes vieilles tantes et mes vieux oncles, comme je me plais affectueusement à les nommer.

Ils ont beaucoup de choses à raconter; sentir leur complicité et être témoin des souvenirs qu'ils partagent, ça m'émeut beaucoup.

Pour moi, ces personnes sont sacrées, car, grâce à leurs anecdotes, elles me font vivre des souvenirs que je ne pourrais jamais vivre autrement.

Benoît: Si les grands-parents, si les aînés, savaient comme leur moindre geste est important! S'ils savaient à quel point ils sont envoyés de Dieu.

Sophie: Vous charriez un peu. Il y a des aînés qui sont adorables, mais d'autres sont carrément détestables.

Benoît: J'espère ne pas en devenir un! Puisqu'il est question de personnes sacrées, il faut que je vous parle de mes premiers maîtres en éducation, les prêtres du Collège de Sainte-Anne-de-la-Pocatière. J'y fus pensionnaire de 1927 à 1936.

Quels hommes de bonté et de culture! Et sans le gouvernement pour dicter les programmes! Non, je ne comprends pas que l'on s'acharne contre ce clergé enseignant de nos collèges et séminaires. Il y a de l'ignorance quelque part. Ces prêtres m'enseignèrent la religion en y ajoutant leurs propres convictions. Le règlement était plutôt serré, mais jamais obsessif comme la permissivité d'aujourd'hui. Ces éducateurs de carrière avaient leur conception de la liberté religieuse, messes et confessions obligatoires, mais c'était dans les mœurs et les coutumes de l'époque. Nous ne les sentions pas prisonniers des «crois ou meurs»; pour eux, c'était plutôt «crois et vis»!

Le souvenir le plus sacré que je retienne de ces hommes, qui logeaient, vivaient et mouraient au collège même auquel ils donnaient leur vie, est leur dévouement illimité. Ce sont ces mêmes abbés qui, pour nous punir de quelques écarts de conduite — «qui n'a pas péché, me lance la première pierre» —, nous invitaient — le mot est tendre! — à apprendre par cœur un texte de l'*Art poétique* d'Horace ou un extrait de l'*Énéide* ou un églogue de Virgile. Incroyable!

Sophie: Vraiment incroyable que tant de personnes qui vous ont enseigné vous aient aussi marqué. Je suis gênée de vous dire que le système scolaire dans lequel j'ai «évolué» m'a laissé fort peu de souvenirs d'enseignants qui m'ont impressionnée. À la faculté des sciences de l'éducation où il devrait pourtant y avoir des passionnés de cette matière, je n'ai vu que des gens ternes. On était bien loin du charismatique enseignant du film *La société des poètes disparus*! Heureusement que la passion d'enseigner ne s'apprend pas à l'université. Plusieurs auraient échoué dans leur tâche de professeurs universitaires.

Quand même curieux, n'est-ce pas? Enseigner, c'est captiver ses élèves. Bien peu avaient cette capacité.

L'université — de l'avis de plusieurs et du mien — n'est pas le haut lieu du Savoir, en tout cas, pas dans certaines facultés. Elle n'est que la porte par où il faut passer si on veut accéder au diplôme convoité. Dommage! Quelles différences dans nos itinéraires!

Benoît: Après les prêtres du collège, j'ai toujours considéré comme sacrés ces femmes et ces hommes missionnaires qui, dans les années 30, sans bourse d'études, sans frais de voyage, sans contrat d'État, partaient à l'étranger. Personnellement, j'ai rêvé d'aller au Japon, missionnaire à la manière du père Égide Roy, franciscain, né à Saint-Michel-de-Bellechasse. J'ai assisté à son départ pour le Japon dont la cérémonie de départ eut lieu en l'église de Saint-Michel. C'était empreint d'une certaine tristesse. Reviendrait-il? Serait-il martyr là-bas? Comment survivrait-il? Toutes ces questions hantaient notre imagination, plus fertile en tragédies qu'en réconciliations avec la réalité.

Depuis ce temps-là, sont sacrés pour moi tous les gens du risque-de-sa-vie.

Au Québec, il arrive que l'on réserve le sacré à ce qui se passe dans une église: parce que l'habitude — jadis! — était de se taire dans une église pour donner la parole au prêtre qui, lui, en principe, disait des mots d'autant plus sacrés que nous ne les comprenions pas. Il parlait latin. Mots sacrés, mots d'église! Dans l'église encore, il y avait des temps privilégiés: l'heure des messes par exemple, des vêpres, du salut du Saint-Sacrement, de la prière du soir et, par affiliation, le temps de l'angélus, celui-ci étant si sacré qu'il devait être respecté à la seconde près. Malheureux sacristain qui avait oublié sa montre ou dont la montre commençait à fléchir!

Personnes sacrées, temps sacrés, mots sacrés, mais aussi lieux sacrés! Avec le plus grand respect, on pénétrait dans l'église ou dans la chapelle du collège. Aussi, personne ne pouvait circuler dans le sanctuaire, sauf le prêtre, le sacristain et les enfants de chœur ou les servants de messe. Dans l'église encore, il y avait les confessionnaux aux portes bien isolées ou aux rideaux opaques: le «saint tribunal» où les pénitents, enfermés pour quelques minutes, avouaient à voix basse et le plus rapidement possible leurs mauvais coups en prenant soin de les cataloguer à la manière du catéchisme: péchés graves, moins graves, c'est-à-dire mortels ou véniels. Le confessionnal ou «la boîte de monsieur le Curé», disaient parfois les enfants, était l'espace le plus tragiquement sacré de tous... après le cercueil où l'on enferme à jamais nos morts les plus chers. J'ai trop parlé!

Sophie: Je m'y attendais, mais tout était tellement intéressant. Encore une page de l'histoire québécoise que vous m'avez fait découvrir!

CHAPITRE 4

Des souvenirs sacrés

Les feuilles mortes se ramassent à la pelle,
les souvenirs et les regrets aussi.

JACQUES PRÉVERT

Sophie: Nous sommes occupés à mille et une choses. Les tracas de la vie quotidienne, les vacances à planifier, les comptes à payer, la retraite à organiser et les multiples rendez-vous. Quelquefois, dans cette vie agitée, on laisse de la place aux souvenirs. Quel espace précieux! Certaines personnes n'aiment pas se rappeler. Pourtant ces heures, ces minutes à se laisser envahir peuvent être un temps privilégié, qui nous remet en communion avec notre âme. Souvenirs heureux qui, souvent, sont les seules pensées qui habitent les journées des personnes âgées. Souvenirs heureux qui viennent mettre un baume sur les angoisses de certains moments qui le sont moins. Souvenirs heureux qui sont les seules distractions de gens malades, confinés dans des hôpitaux ou des foyers. Parfois, ils sont si précieux qu'ils deviennent... sacrés. Souvent, nos souvenirs sont liés à un instant où nous étions près de ce que nous aimons, près des gens ou de la nature, quelquefois de notre enfance.

Une dame du Lac-Saint-Jean m'a déjà confié son plus beau souvenir. «Toute petite, j'ai laissé mes amygdales dehors! Je me balançais si fort en chantant et en criant que ma mère me disait: tu vas te décrocher la mâchoire!» Lorsque cette dame m'a raconté cela, elle avait environ 60 ans et cette anecdote semblait être un de ses plus beaux souvenirs d'enfance.

Benoît: Vous, Sophie, avez-vous des souvenirs qui vous tiennent particulièrement à cœur?

Sophie: La naissance d'Andréanne est un souvenir inestimable, je vous en ai déjà parlé, Benoît. Je vous en confie un autre: la première fois où j'ai lu un livre qui n'était pas une bande dessinée. Un vrai gros livre! J'avais six ou sept ans, je fouillais dans le sous-sol de ma grand-mère et j'ai trouvé, croyez-le ou non, *Les malheurs de Sophie* de la Comtesse de Ségur. Ce livre portait mon nom et j'en étais fort étonnée.

Dans la véranda, chez ma grand-mère, cette véranda qui a accueilli tant de rêveries et d'heures de lectures, rien ne pouvait m'arracher aux aventures de cette espiègle Sophie. Dans quel univers enchanteur elle vivait!

Je me rappelle aussi de certains moments où mes parents ne pouvaient m'acheter de livres pour diverses raisons. Je trouvais ça tragique. Alors, je relisais pour une énième fois ceux que j'avais, en souhaitant très fort en avoir un autre bientôt.

C'était le bonheur suprême quand mon père ou ma mère me donnait un livre ou m'amenait à la librairie. L'odeur d'un livre neuf m'a toujours donné une sensation agréable. Comme je suis allée en France à quelques reprises, j'ai vu de mes yeux certains lieux des lectures de mon enfance. Je revivais les aventures que la comtesse de Ségur avait racontées, en marchant sur les pas des *Petites filles modèles* aux jardins des Tuileries à Paris ou en sillonnant les campagnes françaises.

Un autre souvenir sacré? Le Mont-Saint-Michel, en Normandie. Et c'est en voulant vous raconter cette histoire, Benoît, que je me rends compte des limites des mots.

Lorsque, du train où nous étions, je l'ai aperçu au loin, entouré d'un peu de brume que le soleil perçait, je le jure, mon cœur s'est arrêté de battre une fraction de seconde. Enfin, le voilà, ce Mont que j'avais tant vu dans des livres durant l'hiver qui avait précédé ce voyage. Je sautillais dans le train et il me semblait qu'il n'arriverait jamais à destination!

Finalement, nous sommes descendus à Pontorson, puis, après avoir laissé nos bagages à l'hôtel, nous sommes partis à vélo pour voir le Mont de plus près.

Après y avoir vu tout ce que bon touriste doit y voir, nous avons décidé de traverser la mer à pied pour aller à Tombelaine, la petite île de l'autre côté, avec pain baguette et pâtés. Nous nous sommes informés des marées, puis nous avons traversé. Et l'enchantement a continué. Traverser cette mer avec les vagues qui montaient jusqu'aux cuisses, le sable argileux, le vent qui soufflait avec une mélodie étonnante, l'ange Michel doré qu'on voyait au loin, les moutons, le soleil d'une fin de juillet, le bleu du ciel, les peupliers, bref, un réel bonheur. J'avais une impression à la fois d'existence et de non-existence, d'être transportée dans un autre monde.

Cet instant restera gravé dans ma tête pour toujours, inaltérable, un souvenir sacré. Le retour en vélo, le soir, sur la route du Mont-Saint-Michel vers Pontorson où nous logions, la lune ronde qui nous accompagnait, a rajouté au bonheur. Bref, nous ressemblions à deux loups-garous heureux.

Benoît: Dois-je vous demander pardon? En écoutant le récit de vos souvenirs et en devinant votre joie à les rappeler, je me suis laissé aller à des distractions volontaires, j'ai voulu me rappeler mes plus beaux souvenirs. Je suis allé aussi en Normandie, en Bretagne, en Bourgogne ou plutôt partout... Puis au Japon, puis en Afrique centrale, et où encore? Maintenant je cherche à relier mes souvenirs aux vôtres. À Paris, ce que j'ai voulu voir en premier? Notre-Dame. Inutile de vous parler de cet ensemble majestueux né au Moyen Âge, soit dit en passant.

Sophie: Je reconnais ici votre amour pour le Moyen Âge!

Benoît: Que oui! Puis les quais de la Seine, là où l'on vend des livres à prix réduits. Des heures, des heures, des jours, disons des semaines à marcher, à regarder, à ne vouloir rien manquer. Quelle ville! Moi qui croyais qu'il n'y avait de beau que le village de Saint-Michel à cause de l'église près du fleuve. À Paris, j'avais la Seine... et Notre-Dame de Paris. De quoi me guérir de tout jugement esthétique trop hâtif. Surtout après avoir passé exactement 18 jours à me promener au Louvre.

Je suis allé au cimetière du Père-Lachaise et j'ai prié sur la tombe d'Héloïse et d'Abélard — ces amoureux mythiques du Moyen Âge — probablement parce que j'avais enseigné et tellement aimé leur correspondance, réelle ou fictive, peu importe! Bien sûr, je me suis retrouvé au Mont-Saint-Michel. À chacun ses aventures, la mienne consistait à monter au sommet. J'avoue, en vous écoutant, que j'aurais dû, comme vous, tenter d'aller sur la petite île à l'heure de la marée basse. Le Mont-Saint-Michel est un lieu unique, mais je pense aussitôt aux merveilleux temples de Kyoto. Il fallait une grande spiritualité pour réaliser et conserver ces temples ainsi que leurs magnifiques jardins de silence.

J'ai aussi appris que le christianisme n'avait pas le monopole de la vie mystique, car les temples de Kyoto ont été pensés non pas par des bénédictins, mais par des moines bouddhistes, shintoïstes.

Autre souvenir sacré! Durant trois ans, j'ai été professeur invité à l'université de Caen. Disons que les premiers mois furent plutôt pénibles. Contrairement à notre suprême politesse envers les professeurs invités au Canada, là-bas — et sans doute parce qu'ils en ont vu bien d'autres depuis Clovis! — nous étions quasi oubliés. Personne à la gare, personne au secrétariat, des papiers à remplir, on ne savait pas pour quelle raison ni à qui on devait les remettre. Puis, j'ai rencontré quelques familles normandes, dont celle de Daniel Agasse, bijoutier à Caen, avec lesquelles j'ai échangé. J'y ai connu la grande hospitalité et la grande bienveillance française à son meilleur. Les Agasse m'ont adopté et, très souvent, une voiture nous était prêtée; nous partions, Nita — une étudiante très douée — qui fut même invitée à des cours d'été à l'université McGill —, des amis et moi en expéditions savantes... Ici et là en France, et jusqu'en Italie. L'amitié de Nita, la générosité de ses parents et de ses grands-parents, tout le réseau des amis normands, dont les Bouet, ont fait que j'ai connu à la fois les vieilles vertus françaises — loyauté à la parole donnée, fierté nationale, ouverture de cœur — et une grande courtoisie.

Sophie: Je vous arrête; vous me donnez le goût de partir! Mais il y a un autre souvenir dont j'aimerais vous parler. Le samedi matin, mon père sortait ses microsillons d'Édith Piaf ou de Félix Leclerc et l'on écoutait la voix rauque et nasillarde d'Édith. Mon père me racontait l'étrange destin de cette femme, morte complètement brisée, dévorée par la peine de ses amours méprisées.

Les airs d'accordéon, notamment dans la chanson *La foule*, éveillaient dans la petite fille que j'étais le désir de connaître cette femme qui était morte quelques jours avant ma naissance, en octobre 1963. Je trouvais fascinant, à 7 ans, que même si cette personne n'était plus de ce monde, elle puisse continuer à se faire entendre. Je découvrais, sans le savoir véritablement, la continuité de la vie, la filiation humaine. Et j'aimais écouter Félix qui, de sa voix bourrue et chaude, me faisait découvrir le bonheur de la poésie. Les moments où mes parents me faisaient écouter la musique sur laquelle ils avaient dansé, adolescents — les Platters, Elvis Presley, Dean Martin ou Paul Anka — enchantaient aussi mon âme de petite fille.

Que dire aussi de ces promenades en automobile, la fameuse Kharman Ghia de mon père. Je m'asseyais sur la banquette arrière et le fait de contempler les nuques rassurantes de mes parents m'emplissait d'une sécurité immense. Il me semblait alors que toute la vie valait la peine d'être vécue, ne serait-ce que pour ce moment où l'on se sent si bien. Ces instants bénis de notre enfance où l'on adore ses parents, où ils sont nos héros, quels moments agréables!

CHAPITRE 5

Sacré populaire et rites

Il faut des rites.

ANTOINE DE SAINT-EXUPÉRY

Sophie: Comment pourrions-nous définir le sacré populaire, Benoît? Selon moi, le sacré est d'abord et avant tout dans le cœur des humains. Loin des temples et des églises.

Benoît: La plus belle église, c'est chacun de nous! Le Christ n'a-t-il pas dit: «Le royaume est au-dedans de vous?»

Sophie: Oui, c'est vrai. Sortons et observons les nouvelles manifestations sacrées des gens. Connaissez-vous la cérémonie des dimanches d'été, les tam-tam sur le Mont-Royal?

Benoît: J'ai vu quelque chose de semblable au Rwanda avant la grand-messe, à Save.

Sophie: Fascinant! Mis à part l'aspect un peu déluré de cette manifestation, voir des gens de partout arriver, se joindre à ceux qui jouent du tam-tam et y trouver une harmonie musicale et humaine, c'est merveilleux! Ceux qui ne jouent pas de musique dansent... une grande fête un peu anarchique mais magnifique, en un dimanche ensoleillé!

Benoît: Voilà bien la preuve que le peuple vit d'instinct. Il vit tout bonnement. Il n'est pas friand d'interrogations. Il ne connaît pas les raffinements de la dialectique et de la rhétorique. Il n'a pas toujours lu Descartes et ne se morfond pas à disséquer les mots de la Bible. Encore moins des Évangiles!

Il arrive, comme malgré nous, que ceux et celles qui comprennent moins la dynamique populaire soient des gens instruits, des agents de pastorale qui n'ont pas encore quitté intérieurement leurs études. Que de temps souvent perdu! Pourquoi — et vous avez raison — ne pas aller sur la montagne écouter le tam-tam? Pourquoi ne pas descendre dans la rue quand les Italiens et les Portugais décident de faire la fête? Et pourquoi ne pas participer au jour de l'An des Vietnamiens? Le vrai sacré n'est pas seulement en soi, pour soi, mais partagé. Certains se sont même surpris à prier à l'occasion d'événements surprenants.

Sophie: La bénédiction annuelle des motos, par exemple! Cet événement printanier attire des motocyclistes venus de partout. Une grande manifestation! Les *negro-spirituals* rejoignent des gens beaucoup plus que certains mots d'Église! Que veulent ces gens, que cherchent-ils? Vous ne nierez pas, Benoît, que l'Église et sa conception du sacré et de la morale rigide les a fait déguerpir, les forçant à se trouver un sacré beaucoup plus accessible. Pas nécessairement à bon marché, mais plus significatif.

Benoît: Vous avez raison... J'ai travaillé avec Bernard Derome lors de grandes funérailles nationales — je pense ici à celles de René Lévesque, du cardinal Léger, de Mme Jeanne Sauvé — et j'ai constaté que le peuple est toujours ému dans ces circonstances. De même, je sais que lors de la mort de Doris Lussier, il s'est passé quelque chose chez les gens. Sacré reçu, sacré observé, sacré respecté.

Le peuple a la même attitude par rapport à ce qu'il considère comme *la divine parole* — par héritage et transmission plutôt orale qu'écrite. Selon lui, Dieu ne peut pas se tromper, mais Il s'adapte à nous et Il nous envoie des prêtres pour nous faire connaître Sa Parole. Je ne crois pas que le peuple doute de cette Parole, parce qu'il la considère comme une parole reçue, orale, transmise de génération en génération. Et ici, je m'accorde quelques lignes pour parler du sacré populaire de mon temps.

Sophie: J'aime écouter vos beaux souvenirs, Benoît! Allez-y.

Benoît: Le catéchisme et l'histoire sainte que nous apprenions par cœur nous renvoyaient à des paroles divines. Le peuple n'avait pas l'habitude de douter, tout en étant capable, assez souvent, d'accommoder les dits de monsieur le Curé à ce qu'il croyait devoir faire. «Monsieur le Curé a beau dire, et beau faire, il n'a pas été dit dans la Bible que danser est toujours péché mortel. Puis ce n'est pas écrit dans les commandements de Dieu et de l'Église.» Ainsi, le peuple, qui était prêt à obéir, suivait souvent son instinct par rapport à l'abus de parole.

Le sacré populaire était un sacré collé aux signes qui le véhiculaient. D'où l'importance des sacrements. Surtout celui de la confession, parce qu'elle était orale, personnelle, accomplie dans un lieu réservé, à voix basse et confiée à un être sacré, par sa fonction sacerdotale.

Le peuple aimait voir. Aussi aimait-il tout ce qui était statues et statuettes, couleurs liturgiques, vêtements sacerdotaux, croix, autels, crèches, tabernacles, blasons et quoi encore. Il était insatiable dans son goût de regarder. La liturgie lui répondait par des expositions du Saint-Sacrement, des ostensoirs, des reposoirs et tant d'autres objets visuels.

À l'école, les enfants avaient des images pieuses, des livres illustrés qui leur racontaient les hauts faits de la Bible et peut-être d'un saint fondateur. À la maison, les murs étaient souvent ornés d'images saintes et de tableaux religieux, sans compter les niches, les statues, les bénitiers, les calendriers de dévotion et les crucifix.

Sophie: Le sacré populaire de votre époque était vraiment religieux. C'est un sacré populaire que je n'ai pas connu du tout que vous me proposez là. Un voyage dans le temps! J'ai de la difficulté à concevoir que des gens ne veulent plus entendre parler de ces manifestations qui ont façonné la mémoire et les traditions québécoises. Si certains considèrent cela comme de la foutaise, présentement, c'est probablement qu'ils manquent de sens sacré.

Je suis toujours étonnée de voir, lors de visites dans de grandes cathédrales françaises, les touristes et leur appareil photo en bandoulière. Cette foule bigarrée, curieuse, mais sûrement émue de voir ces merveilles faites il y a quelques siècles pour Dieu. J'ai observé le même phénomène à la basilique Notre-Dame de Montréal. Hordes de touristes qui s'empressent de venir visiter les endroits sacrés officiels. Pour se rapprocher de Dieu, pour mieux l'invoquer ou pour se rassurer sur Sa présence? J'ai déjà vu, à Bruxelles, dans une cathédrale, une dame qui grattait son billet de loterie devant une Sainte Vierge!

Sacré populaire? Oui, tout à fait. Et il est heureux que ce sacré existe; il nous enracine. Le sacré peut s'apprendre à travers des gestes simples, il retrouve même sa saveur originelle.

Benoît: Si jamais vous souhaitez à votre tour, mais à votre manière sans doute, faire ou répéter l'expérience visuelle de l'univers sacré populaire, je vous conseille de visiter les églises qui n'ont pas été «purifiées» par les ignares des années 60, les sacristies, les sous-sols d'église, les cimetières de paroisses, les presbytères et les chapelles de village. Vous y découvrirez des richesses phénoménales: des vases sacrés, des bénitiers ornés, des chandeliers, des lustres en verre, des statues, des mosaïques et des vitraux... Essayez aussi de voir certaines broderies, des bannières et des oriflammes. Je parle des églises comme des lieux à voir pour connaître le sens du sacré chez notre peuple, mais je pourrais aussi vous inviter à pénétrer dans certains couvents et collèges pour y faire la connaissance de tableaux, de photos de prêtres, d'évêques ou de papes. C'est aussi dans les maisons que le peuple — nous l'avons dit — exprime quotidiennement et familièrement son sens du sacré: il y transpose volontiers des objets d'église. Il est intéressant de constater que des gens qui délaissent la pratique religieuse continuent à se fabriquer des crèches pour Noël. Plusieurs jeunes tiennent à se donner un espace personnel pour la réflexion, sinon pour la prière: dans un coin de la pièce, une Bible ouverte, un cierge peut-être, une fleur. Du visuel sacré!

Puisque j'y suis, je me souviens d'avoir souvent vu en Gaspésie et à Port-en-Bessin, en France, des embarcations de pêcheurs où se trouvaient à la place d'honneur une image sainte, une médaille, un crucifix ou une petite branche de rameau bénit... Tout comme dans nos rangs de campagne, nous y trouvions des croix de chemin, des calvaires, des niches et des statues...

Sophie: Oui, sur les routes de campagne de mon coin, à Saint-Benoît, Saint-Augustin ou Sainte-Scholastique, on peut encore en voir, si on n'est pas un voyageur trop pressé.

Et des sermons, y en aurait-il eu des sacrés?

Benoît: Comment peut-on dire qu'un sermon est sacré? Qu'il soit court, condition essentielle du sermon réfléchi, que le prédicateur aille droit au but, qu'il se sache interprète de la Parole de Dieu, qu'il oublie un peu son «moi profond», que son homélie soit alignée sur la prédication du Christ, qui semble affectionner les récits brefs, et qu'il laisse à son auditeur sa liberté de choix. C'est ainsi que j'écouterais longtemps Jean Vanier. Il multiplie les citations d'Évangile et les anecdotes en les entrecoupant de courts propos sentis: on dirait Jésus prêchant ses Béatitudes. Par contre, l'Abbé Pierre, d'un tout autre style, m'émeut par le ton énergique de ses revendications sociales: c'est Jésus qui chasse les vendeurs du Temple.

Sophie: Et les sermons de Bossuet? C'est de votre temps aussi?

Benoît: Sophie, quand même! vous surestimez mon âge!

Sophie: Mais que sont devenus, Benoît, les grands moments religieux qui ont façonné le paysage du Québec? Ces moments qui ponctuaient la vie de milliers de gens? La Fête-Dieu, le défilé de la Saint-Jean-Baptiste, les différentes processions devant les croix de chemin? Est-ce que la société a tout laissé en plan en délaissant ces grandes manifestations?

Il existe présentement un phénomène qui montre bien la vigueur que peut avoir une société quand on la sort de carcans trop serrés. La société qui éclate réussit tout de même à se donner des «rites de passage». Ils arrêtent le cours de la vie et lui donnent un sens. Ces rites correspondent à des étapes de la vie que la religion leur fournissait auparavant, mais qu'ils réinventent aujourd'hui. La vie est ponctuée de passages, de changements qui s'imposent souvent d'eux-mêmes, et l'humain aime en témoigner sous diverses formes. Les familles ont donc créé des rites. Les fêtes d'enfants n'ont jamais eu autant de popularité. Les restaurants et autres endroits conçus pour eux rivalisent d'imagination pour que ces instants restent mémorables. Le premier enfant de la famille, son baptême, la première maison qu'on achète, le cadeau qu'on offre à la personne qu'on aime et que l'on conservera de génération en génération, le permis de conduire, la première menstruation, le premier *party* de l'adolescent, l'acquisition de la première auto et les graduations sont des rites, des événements mémorables. Un autre rite consiste à planter un arbre à la naissance d'un enfant. Quel merveilleux symbole! Ces rites peuvent donc avoir un caractère profond et sacré, même si, à proprement parler, il n'y a aucun caractère religieux là-dedans.

Benoît: Rien de mieux pour exalter le sens du sacré que le rite. Il est là pour rappeler, éclairer. «Il faut des rites», dit le Petit Prince. Il est normal que toutes les religions aient des rites et il n'est pas sans signification que les religions les plus austères, et donc les moins adaptées au peuple, soient celles qui s'évertuent à éliminer les rites en vue de favoriser la vie intérieure. Elles se trompent. Tout acte, tout signe, tout temps, tout lieu, tout objet est subjectivement sacré dans la mesure où, premièrement, il est sensible, extérieur, visible, perceptible.

Distraction. Je pense tout à coup au plaisir que nous avions autrefois à Saint-Michel-de-Bellechasse à marcher en procession vers la chapelle de Lourdes: c'était pour la Fête-Dieu ou pour la fête de l'Assomption.

Je pourrais aussi évoquer la joie évidente de toute la famille, en route vers le village, à écouter les sonneries des cloches de l'église au ras du fleuve. À l'église, il y avait les rites de la grand-messe ou les «spéciaux», comme disait mon père, la messe de Minuit, les rogations et d'autres. Ces rites furent comme le tissu premier de notre vie familiale.

Religion sans rites: arbre sans feuillage! Famille sans rites: famille disloquée!

Sophie: Ce que j'ai tenté de vous démontrer, c'est que la société se fabrique des rites. Sans la religion! Certains diront que ce sont des étapes de la vie qu'on souligne. Le temps des fêtes, par exemple; ça me fait toujours sourire quand je vois certaines personnes parler de «consommation excessive, de folles dépenses...»

Je me dis le contraire. Tant mieux si les gens sentent encore le besoin de s'imposer un arrêt à la fin d'une année. Comme aux Saturnales romaines, jadis. Que certaines personnes ressentent quelquefois cela avec tristesse ou mélancolie, que les sentiments soient exacerbés pendant ce temps de l'année... ce n'est pas si grave.

L'important, c'est le besoin de souligner, de se rappeler. De même pour l'initiation sacramentelle dans les paroisses. Le pardon, la première communion ou le baptême. On crie au scandale quand des parents font administrer les sacrements à leurs enfants et qu'on ne les voit pas ensuite à la messe. Pourquoi ne pas voir là leur désir de faire vivre cette tradition à leurs enfants comme un légitime désir d'instituer un rite religieux, le seul peut-être, puis cesser d'avoir des attentes exagérées et laisser l'Esprit agir. N'est-ce pas là une manifestation de notre foi, de notre conviction?

Benoît: Vous semblez vous réjouir que nos rites ne soient plus des rites d'Église. Simplement, comparons la célèbre procession de la fête du Sacré-Cœur, même au temps du père Lelièvre en 1930, et les processions syndicales des années 1980-1990. Puis-je noter que, dans la procession religieuse, le curé marche en arrière et revient au point de départ à pied; dans les processions syndicales, les chefs marchent en avant pour être vus, applaudis, pour ensuite rejoindre leur «char» et retourner à la maison?

Sophie: Vous êtes sarcastique? Êtes-vous en train de régler des comptes avec les syndicats?

Benoît: Je règle les comptes du peuple! Et si nous comparions le langage des pancartes et celui des bannières? Douceur et piété, d'une part; agressivité verbale, d'autre part. Je cherche en cela non pas à condamner mais à évaluer. Où est la gratuité? Que devient le peuple? Est-il devenu l'otage des nouveaux organisateurs des rituels laïques? Je vous pose franchement la question. Ne vous fâchez pas, j'ai été longtemps syndiqué et je l'ai souvent apprécié...

Sophie: Êtes-vous en train de sanctifier le passé?

Benoît: Bien entendu, tout n'était pas pur dans les rites sacrés d'autrefois. Mais, je le répète, de grandes valeurs humaines étaient dissimulées derrière ces rites. Par exemple, le chapelet à 19 h à la radio réunissait la famille; les prières aux repas permettaient d'associer le travail de la cuisinière à la terre; le même signe de croix signifiait l'unité rêvée entre nous. «Famille qui prie, famille unie», disait-on.

La génuflexion n'était-elle pas aussi un geste de respect et de politesse? On pourrait aussi évoquer les rites de la bénédiction paternelle au jour de l'An, celui des chandelles à la Chandeleur, des rameaux bénits, de l'eau sanctifiée à l'église. Autant de rites simples qui cimentent la vie familiale. N'accusons personne, mais n'y aurait-il pas une certaine coïncidence entre l'abandon des rites religieux domestiques et l'éclatement des familles?

Sophie: Vous me faites réfléchir...

Benoît: J'aimerais savoir si vous observez des rites quotidiens, si vous refaites des gestes qui rendent la vie plus agréable. Par exemple, vos rites avec Andréanne?

Sophie: Vous avez du flair et vous êtes curieux, mais vous avez deviné. Le départ d'Andréanne pour l'école obéit à tout un rituel, à grands coups de becs et de *bye-bye* par la fenêtre. Le rite du coucher est aussi très beau. Embrassade, lecture ou confidences. Depuis qu'elle est toute petite. Il y a aussi la préparation des repas, les courses...

Mes rites sont aussi ponctués par l'organisation de l'année scolaire. L'arrivée des élèves, septembre, octobre, la mise en route, les bulletins, les premières rencontres avec les parents. Les vacances de Noël, la semaine de relâche, congé auquel beaucoup de gens ont ajusté leur propre horaire, leurs propres rituels! Le mois de juin est le mois le plus touchant. Les adieux ou les au revoir des élèves, les «souvenirs et les regrets», comme dirait Prévert. Je laisse partir mes élèves avec l'amour que j'ai pu leur donner. Un peu de moi aussi. Le rite de fin d'année est très mélancolique.

Il y a aussi le rite des anniversaires dans la famille. Certains rites viennent du cœur et non du temps.

Avec ma fille, il y a aussi le rite du vendredi soir...

Benoît: Quel est-il, ce rite? Familial? Secret?

Sophie: Je n'ose vous le dire. Le vendredi, c'est la soirée du grand relâchement, alors on mange ce que l'on veut, tout est permis. Sous-entendu: pas besoin de légumes ni de fruits. On sort du quotidien. On appelle cela la «soirée des filles». C'est l'anarchie totale, on peut manger devant la télévision, permission suprême! Ou bien on va dehors jouer aux espions à la noirceur. Si, par malheur, je ne respecte pas le rite du vendredi soir, gare à moi, je me fais rappeler à l'ordre! Le vendredi soir est aussi l'heure des confidences et des fous rires qui n'en finissent plus!

Benoît: Ce qui me fascine dans ces rites, c'est qu'ils sont le plus souvent reliés à la vie de tous les jours, aux faits les plus ordinaires, aux gestes les plus familiers. L'amour s'y retrouve à son meilleur. Une pensée de Paul Verlaine me revient: «La vie humble aux travaux ennuyeux et faciles est une œuvre de prix qui vaut beaucoup d'amour.»

Aussi, si les grandes religions survivent, c'est en partie grâce aux rites familiaux et quotidiens. Bien sûr, le plus significatif ne se passe pas nécessairement dans les temples, mais à la maison, là où se vit le meilleur du cœur humain.

Parlons des rites humains les plus beaux, ceux que j'oserais presque appeler sacrés. Il y a, par exemple, celui du regard, celui de la main que l'on donne, du repas que l'on partage. Faudrait-il en parler!

Sophie: Vos rites en communauté, quels sont-ils? De quoi est ponctuée votre journée? Vos rites quotidiens? Racontez-moi
comment est faite la vie d'un prêtre... mangez-vous, dor-
mez-vous? J'imagine...

Benoît: Avant que vous n'imaginiez trop de choses, je vais tout
vous dire. En principe, je vais au lit vers 21 h 45 et je n'y
déroge que très rarement. Je me lève à 5 h 45. Vers 6 h,
petit déjeuner: deux rôties — pain brun! —, pas de beurre,
de la confiture aux fraises, une tasse de café. Puis je vais
chercher les journaux, je lis *Le Devoir*, les titres d'abord,
puis l'éditorial. Je peux bien me permettre une publicité,
étant donné que j'y collabore quelquefois.

De 6 h 45 à 8 h 30, je «fais ma religion», comme disait mon
père, en suivant les références et indications liturgiques
de l'heure. *Prions en Église* devient ma première source
de référence.

À 7 h 30, c'est pour moi le moment clé de la journée. Nous
partageons l'Eucharistie avec une assemblée religieuse et
laïque d'environ 60 à 75 personnes venues librement. J'ai
l'avantage d'écouter les homélies de mes confrères.
Personne n'improvise, chacun parle à sa manière. C'est
merveilleux d'entendre parler de Dieu par des gens qui,
durant toute la journée, seront discrets sur le sujet.
Quelle richesse!

À 8 h 30, café avec les confrères et joyeuse récréation au
moment où les esprits sont encore clairs. Détendu par
quelques bons mots, comblé de prières conventuelles et
de l'Eucharistie partagée, j'entre dans ma «cellule» jusqu'à
midi. À midi, je vais chercher mon courrier, je reviens
chez moi et je travaille jusqu'à 14 h.

La matinée est toujours sacrée pour moi. Heures d'étude
et d'écriture, préparation de textes et de conférences.

Je suis fidèle à ce rituel depuis le 26 juillet 1936!

Si on connaissait la vérité du matin!

Sophie: Pour en avoir été témoin, je sais que vos heures de travail
sont souvent entrecoupées d'appels téléphoniques et de

visites impromptues. Vous êtes en train de démolir le mythe du vieux solitaire dans son monastère.

Benoît: Je suis parfois aussi occupé qu'une mère de famille! Après un repas léger, j'accorde mon après-midi aux autres.

À 17 h 45, récitation des vêpres, mais à cause des appels, j'en suis, hélas, trop souvent absent!

À 18 h 15, repas du soir, suivi d'une courte promenade dans le jardin; la soirée se poursuit à recevoir des gens et s'il y a trêve, un peu de télévision ou de musique.

Sophie: Vous me rassurez. Je pensais que vous passiez votre journée à lire des encycliques du pape, la *Somme* de saint Thomas d'Aquin ou votre bréviaire!

Mes informateurs m'ont dit que vous étiez, malgré vos 80 ans, un joueur de tennis infatigable!

Benoît: Vous savez tout, ma foi! Mais devinez-vous, Sophie, pourquoi le quotidien me comble? C'est un cadeau de mon passé rural. À la maison, le mot vacances n'existait pas, et nous n'étions jamais pressés, pas même durant la saison accaparante des foins. Survenait le moindre visiteur, on arrêtait tout. C'était la fête!

Sophie: Avez-vous en mémoire les rites de votre père, Caïus?

Benoît: À la campagne, les rites se transmettaient de génération en génération, silencieusement et naturellement. Les rameaux à couper en forêt et à faire bénir à l'église, la mi-carême et ses déguisements, le temps des Fêtes et ses échanges de visites, les rogations et bien d'autres rites encore. Je vois mon frère Léopold se lever tôt le matin, partir à la grange, soigner les animaux, «faire le train». Je le revois, plus ordonné que papa, semer, faucher, récolter. Tout est aligné, discipliné. On aurait dit que les chevaux le savaient et aimaient cette régularité. Le quotidien encore!

Cela me rappelle que les communautés religieuses les plus stables, je pense aux Bénédictins, par exemple, conservent jalousement leurs rites quotidiens du lever, du coucher et de la prière selon les heures du soleil et des saisons. Quel exemple!

Sophie: Pourrais-je vous dire que le sport est un rite? Je ne vous parle pas du hockey du samedi soir. Je parle des parents qui inscrivent leurs jeunes à diverses activités sportives, le soccer, le hockey ou la ringuette dans le cas des filles, et qui vont les reconduire souvent très tôt le samedi matin. Ils assistent aux matchs et aux tournois un peu partout au Québec. C'est un nouveau rite auquel la vie familiale s'est pliée.

Benoît: Les rites de l'amour ne vous semblent-ils pas piégés? L'amour, comme la pudeur, a besoin d'être voilé; il exige du temps, des espaces sacrés, de la distance et un profond respect de l'autre. Un heureux proverbe dit fort bien que la facilité engendre l'ennui, tout comme la familiarité engendre le mépris.

Sophie: Vous me poussez vers un sujet sur lequel vous devez avoir une opinion très serrée. Allez-y, je vous laisse la tribune!

Benoît: Culturellement, je trouve cela désastreux que nous puissions voir dans un même film, en 90 minutes, tous les rites de l'amour, en passant du désir à la possession physique. Comme si c'était la vie! Comme si c'était là la route normale de l'amour. De ce point de vue, la télévision rend un fort mauvais service aux jeunes en leur faisant croire que l'amour s'appelle rituellement être ensemble pour la nuit ou pour une aventure d'un soir. Faux! Faux! Faux! Pas besoin d'une encyclique pour le savoir. L'histoire des mœurs est là pour le dire. À quoi bon l'expérience d'un soir s'il ne reste plus que le regret, la nostalgie ou l'attente d'un prochain partenaire?

Sophie: Devant la recrudescence des MST et du sida, on se pose de nombreuses questions et on est prêt à promouvoir la fidélité! Le langage du corps est vite épuisé; nous sommes en train de nous en rendre compte. J'envie l'époque où la pudeur existait. Donc, je suis d'accord avec vous, nous avons atteint certaines limites.

Quelques-uns me trouveront peut-être rétrograde, mais comme j'enseigne à des jeunes de 13-14 ans, je peux vous assurer qu'il y a souvent des rites fondamentaux, des étapes qui échappent aux jeunes, et c'est bien triste pour eux. Quand une jeune fille est malade parce qu'elle a pris la «pilule du lendemain» à cause d'une première relation sexuelle non planifiée, ça m'attriste. Je me dis que c'est la meilleure preuve que c'est là une expérience bâclée, qui ne laissera pas le souvenir agréable d'un rite de passage dans sa vie. Car faire l'amour la première fois de sa vie devrait être un rite. Et planifié. Je suis idéaliste, je le sais, mais je ne juge pas non plus, ça serait mal comprendre les adolescents.

Revenons à des rites plus ruraux.

Benoît: J'ai justement le goût de vous parler de ceux de mon père, Caïus.

Ce sont des rites ruraux normaux: lever tôt, coucher tôt, travailler sans se bousculer, prière écourtée le matin, chapelet du soir entremêlé de «sommeillerie», comme il disait. Il y avait aussi «la Criée des Âmes» — encan qui avait lieu le 2 novembre, où l'on amassait de l'argent pour pouvoir dire des messes pour les âmes du purgatoire — que mon père affectionnait, la fabuleuse messe de Minuit et la bénédiction paternelle.

Il y avait encore les chandelles aux fenêtres, l'eau bénite pour les jours d'orage, le départ des cloches pour Rome, leur retour, les rameaux, ne pas bouger durant la lecture de la Passion pour s'attirer ainsi des grâces, le bénédicité, le Mardi gras, la mi-carême, le carême et le mercredi des Cendres, Dieu qu'il y en avait!

Congé les dimanches et les fêtes d'obligation. Il ne fallait surtout pas imiter les messieurs de la ville qui s'imposent des semaines fixes, des vacances annuelles ou des congés qui brisent les rythmes naturels du jour et de la nuit! Bien sûr, au temps des Fêtes, mon père se permettait des congés différents, mais très rarement. Quelques petites veillées de plaisir: cartes, chants ou jeux de société.

Sophie: Il y a de beaux gestes aussi. Caresser le front de son enfant fiévreux, le serrer dans ses bras pour lui faire oublier sa peine. Le chatouiller et l'embrasser à l'en faire «damner» et jusqu'à ce qu'il nous demande d'arrêter parce qu'il rit trop! Quelles petites merveilles!

Benoît: Je vous envie quand vous parlez ainsi. Mais, dites-moi, Sophie, vous ne devez pas avoir connu les processions? Comme c'était grandiose. Et les cloches! Ah!

Sophie: Taratata! Durant l'été 1995, à Chartres, j'ai eu la chance d'assister, le 15 août, jour de l'Assomption, à la procession de la statue de la Vierge et d'un voile qu'on dit avoir été le sien. Quelle célébration!

Moi aussi, les cloches d'église m'ont toujours fascinée. Ma grand-mère Lucielle avait inventé une légende. Elle me disait — en ayant préalablement vérifié ses dires: «Ça, ce sont des cloches tristes; c'est qu'il y a des funérailles. Là, des cloches joyeuses; probablement parce que c'est un mariage. Là, c'est celles de midi — à la paroisse de Deux-Montagnes, les cloches ont sonné longtemps pour annoncer midi. Ne vois-tu pas la différence?» J'allais vérifier, en prenant mes jambes à mon cou, pour voir les mariés ou le cortège funéraire. Et moi qui croyais à cette légende sur la différence des cloches!

Troisième partie

D'un thème à un autre

Les larmes et la solitude

On vit seul pour se prouver que l'on peut; mais on
regarde un étranger comme si c'était encore possible.

ROMAIN GARY

Sophie: Vous qui êtes si volubile, j'ai bien hâte de voir ce que vous aurez à me dire sur les larmes, vos peines, vos préoccupations. Vous vous êtes croisé les bras... Est-ce que ça vous gêne de parler des larmes et du chagrin?

Benoît: Oui, je me croise les bras. Ma foi, vous êtes un membre du F.B.I. en jupon! Et indiscrète en plus! On ne pose pas de telles questions à un homme. Et vous, combien d'hommes avez-vous fait pleurer dans votre vie?

Sophie: Ne détournez pas ma question, ô homme clérical peu enclin à la confidence.

Vous avez de la peine quelquefois? Est-ce qu'il vous arrive de pleurer, Benoît?

Quand avez-vous pleuré la dernière fois?

Benoît: Je pleure très rarement. Orgueil, pudeur? Peur d'être mal jugé? Tout à la fois. Drôle de société qui a déjà refusé à ses hommes de pleurer. Ou drôles d'hommes, si frondeurs et si fragiles, qui réussissent à retenir leurs larmes ou à les transformer en rudesses équivoques.

Des larmes dans la voix, j'en ai souvent. Dans les yeux, plus rarement. Faux stoïcisme?

Si les larmes sont si difficiles chez certains hommes, c'est peut-être qu'ils les voient comme un secret sacré. C'est mon cas. Surtout depuis que je suis frère prêcheur ou dominicain.

À la maison, autrefois, j'étais braillard, très braillard! Une vraie petite fille!

Sophie: Vous n'êtes quand même pas en train d'insinuer que nous, les femmes, manquerions de sens du sacré, que nous pleurons trop facilement et que nous avons de la difficulté à protéger le secret de nos larmes...

Benoît: Mais je ne parlais qu'en tant qu'homme, bien entendu. Comment pourrais-je faire autrement? Je me rappelle un proverbe anglais qui vaut autant pour vous que pour moi: «Il n'est rien qui sèche aussi vite que les larmes.» Et Juvénal aurait dit dans ses *Satires* que «les larmes sont la meilleure part de notre être». De toute façon, il ne m'appartient pas de délibérer sur les larmes féminines. Je pense sincèrement que les femmes pleurent plus souvent, tandis que les hommes, trop pratiques, évitent de montrer un chagrin qui pourtant les honorerait s'il était plus explicite.

Sophie: Vous vous en tirez fort bien. Vous réussissez à ne pas parler ouvertement de «vos» larmes... Pleurez-vous, pleurez-vous encore ou souvent?

Benoît: Quand j'étais petit, je pleurais pour rien. J'inventais même, entre les piles de planches placées tout près du hangar familial, des cérémonies d'adieu... pour avoir ensuite la chance... ou le plaisir de pleurer. Et je pleurais, je vous assure. Les départs m'ont toujours ému. Un ami psychanalyste me rappelle que mon père partait souvent et que moi, je craignais qu'il ne revienne pas. C'est possible!

Ce sont les larmes des autres qui m'effraient le plus! Aux funérailles de ma mère, je n'ai éclaté qu'en voyant mon frère Léopold — que je n'avais jamais imaginé pouvoir pleurer — fondre littéralement en larmes. J'ai pleuré à la mort de mon père, alors que j'étais en Europe. Loin, sa mort me paraissait encore plus insupportable. J'étais allé le saluer quelques jours avant mon départ pour Paris et Sarajevo, en 1969. À partir de ce moment, je crois avoir appris à retenir mes larmes en ce sens qu'elles sont devenues de plus en plus secrètes.

Je pleure plus facilement quand les autres pleurent que de ma propre peine. Quand je préside aux funérailles de quelqu'un, j'évite de regarder la famille endeuillée. Ça m'est arrivé aux funérailles de Mireille Lanctôt, une grande amie qui avait été recherchiste à l'émission *Second regard* de Radio-Canada. La famille était encore sous le choc de la surprise; l'église des Dominicains bondée de gens tous émus de ce départ inattendu. J'ai réussi — le mot est choisi — à ne pas pleurer. Si j'avais quelque peu observé Maryse et Raymond, les parents de Mireille, aurais-je pu poursuivre la cérémonie? Pourtant, j'étais très ému. S'il fallait que je ne contrôle pas mes émotions! Un célébrant de funérailles chrétiennes est un peu le témoin de l'espérance des gens qui sont devant lui! C'est comme si des chirurgiens à la salle d'urgence se mettaient à pleurer chaque fois qu'il y a un drame! Ce n'est pas une fuite, mais je crois que les larmes ont un caractère confidentiel, personnel. Je ne pleure pas en public!

La dernière fois que j'ai pleuré? Je n'étais pas seul. C'est le soir de l'assassinat des 14 femmes de l'École polytechnique. Comme pour bien d'autres, cet événement était affreux pour moi, à cause de la proximité des lieux. La tristesse évidente de mes confrères dominicains y était aussi pour quelque chose. Rarement avons-nous été émus aux larmes par un événement public. Nous pleurions nos voisines. La mort du bon Jean XXIII nous avait émus. Mais il était loin, âgé et on le disait malade. Par contre, 14 jeunes femmes... assassinées tout près par un «enfant» de leur âge. Et vous?

Sophie: Les larmes, pour moi, ne sont pas seulement liées à la tristesse. Mon cœur devient tellement gonflé de joie, de fierté, quelquefois, que j'en pleure. Je compatis facilement à ce que les gens racontent au point où je sens le flot monter en moi et une boule se former. Alors, je me dis: «Ah non! encore un déluge. Sophie, calme-toi...» Et ma fille et mon conjoint se regardent en hochant la tête. Andréanne se lève et va chercher des mouchoirs de papier! Je suis sensible. Trop. Tout m'émeut.

Une vraie pleureuse de funérailles. Quand ma fille me dit des choses du genre: «Tu ne connais pas la nouvelle, maman? Tu sais, unetelle, elle a neuf ans et elle ne fait pas ses devoirs, elle va décrocher, c'est certain, elle n'a pas d'avenir!» Ou qu'elle lance de son air entendu: «Quand je serai grande, maman, je t'amènerai faire du shopping dans ma jeep à toit ouvrant, je vais prendre soin de toi, tu vas voir...» Ou lors d'une chicane avec une petite amie, elle me dit: «Je ne me ferai plus manipuler.» Les larmes me montent alors aux yeux, parce que je me rappelle ce bout de chou qui ne disait pas un mot et qui, maintenant, me raconte plein de choses. Sensiblerie féminine?

Les meurtres d'enfants, la violence faite aux femmes et la pauvreté m'attristent. Les couples qui se séparent aussi, car je connais trop le désarroi qui s'ensuit. Les secrets et les drames des autres m'intriguent et m'émeuvent. Bref, la vie est quelquefois si triste. Mais si belle à d'autres moments.

Vous devez nous juger sévèrement, nous, les femmes, qui pleurons si facilement, ouvertement... et courageusement!

Benoît: Au contraire! Souvent il m'arrive de vous envier. Vous êtes tout simplement naturelles, vraies. Il est dit de saint Dominique qu'il pleurait facilement. Il m'arrive de souhaiter qu'entre nous, les hommes, nous montrions notre sensibilité. Si les femmes ne pleuraient pas, les hommes deviendraient vite des barbares!

Je préfère les larmes cachées, confidentielles, à tous les gros rires forts et exhibitionnistes. J'ai tellement entendu de ces gros rires incultes. Pitié, mon Dieu!

Sophie: Pardonnez-moi si j'insiste, mais qu'est-ce qui vous fait de la peine, en plus des départs?

Benoît: Mes peines personnelles sont causées par l'ingratitude inconsciente des gens à qui j'ai rendu service. Comme si le dominicain que je suis n'avait pas besoin d'affection, de reconnaissance.

Oui, j'ai déjà eu mal. Vous avez été impressionnée à la fête donnée à l'occasion de mon 80e anniversaire, de voir tous ces gens...

Sophie: Je n'en revenais pas. Tout ce monde. Comme vous l'avez dit si finement: «Imaginez à mes funérailles!» Les gens venaient vous dire à quel point ils vous apprécient. Je n'en revenais vraiment pas. Vous qui avez consacré votre vie aux autres, vous aviez devant vous des gens reconnaissants qui l'ont aussi montré en vous offrant *Dits et gestes de Benoît Lacroix, prophète de l'amour et de l'esprit*, recueil de textes dans lequel ces gens qui vous aiment vous rendaient des témoignages.

Benoît: Comme toujours et comme il arrive dans des circonstances telles qu'une fête, une fois l'événement terminé, une certaine solitude refait surface. Malgré soi.

Sophie: Si je comprends bien, ça doit être dans la solitude que vous pleurez...

Benoît: Oui, je crois à la pudeur des larmes.

Sophie: Alors, que pensez-vous de la solitude?

Benoît: Vous êtes jeune, Sophie. Pourquoi voulez-vous que je vous parle de solitude? Qui n'est pas seul? Déjà chaque bébé qui sort du ventre de sa mère l'est et il faut aussitôt couper le cordon ombilical. On naît seul, on meurt seul et pourtant on a tant besoin des autres... Quel paradoxe!

Sophie: Mireille Lanctôt, que vous avez connue et qui est devenue pour moi une amie de l'au-delà, a écrit dans son recueil intitulé *Pomme de Pin*: «La force intérieure, c'est l'art de la solitude. Celle qui se dessine en nous à partir du premier jour de notre vie.»

La solitude est un malaise profond de notre époque. Même si c'est dans la solitude que l'on apprend le mieux à ne plus avoir peur de soi-même, je trouve que ça frôle le drame aujourd'hui.

Benoît: Il y a toujours eu de grandes solitudes, Sophie.

Sophie: Prenons par exemple votre campagne, à Saint-Michel-de-Bellechasse. Le dimanche, la messe commençait la journée, le bavardage sur le perron continuait et c'était probablement suivi d'invitations, on se racontait les dernières nouvelles, bref, les gens n'étaient pas seuls!

Je qualifierais la solitude du plus grand mal de ces années que nous vivons. À la limite, c'est presque de l'isolement.

Les enfants sont seuls, laissés à eux-mêmes devant leur ordinateur ou leurs jeux vidéo. Les personnes âgées sont dans leur coin, dans un foyer ou un petit logement. Dans votre temps, les vieilles filles existaient. Il y en avait même une dans ma famille, tante Gaby. Ma grand-mère l'a hébergée durant des années. Il y avait toujours du monde pour s'occuper des gens seuls et sans famille!

Benoît: La notion de «village global» a tout chambardé. Les moyens de communication sont de plus en plus élaborés. On n'attend plus la venue de l'autre; on rentre à la maison, la télé est là et on l'ouvre pour avoir l'illusion d'être moins seul. La télé, c'est la trahison de la solitude. C'est une présence piégée. Il n'est de pire solitude que celle qui survient alors que nous vivons dans l'ère de la communication.

Sophie: Or, le réseau des communications s'amplifie de jour en jour.

Benoît: Et l'altruisme est devenu une denrée rare.

Sophie: Qu'on retrouve beaucoup chez les personnes les plus âgées! Comme si elles avaient compris toute la portée du don de soi.

Benoît: C'est vrai que cette solitude est inimaginable. Et je lui impute l'essor des maladies mentales et des névroses, ainsi que le taux de suicide élevé. Cela montre inévitablement que la société ne sait pas ou ne sait plus aimer ceux et celles qui l'ont mise au monde.

La vieille fille dont vous parliez tout à l'heure est l'exemple clé d'une société où la famille était soudée. La vieille fille était un élément majeur dans la famille. Souvent, elle s'occupait des plus jeunes et prenait la relève de la mère.

L'identité familiale procurait une identité sociale. C'est pourquoi loger tant de personnes âgées dans des résidences conçues seulement pour elles est, pour une société dite civilisée comme la nôtre, une lacune, une erreur de parcours.

Sophie: Dans la solitude, les désirs augmentent. Et les incapacités d'y répondre aussi. C'est pourquoi les gens qui restent seuls longtemps se créent des besoins, des attentes. Et lorsqu'un étranger arrive, ils voudraient qu'il réponde à tout ce bagage d'attentes, d'amour, de solitude et, souvent aussi, de lassitude.

Je comprends mieux désormais cette parole de la Genèse: «Il n'est pas bon que l'homme soit seul.»

La solitude de mon époque a des visages de tristesse et il faut une bonne dose de compassion et d'ouverture à l'autre pour y répondre. Peu de gens sont capables de cela. Dans votre temps, si j'ose dire, à Saint-Michel-de-Bellechasse, ou aujourd'hui, en communauté, lorsque vous êtes seul, vous êtes seul. Le hic de la solitude contemporaine, c'est qu'au milieu des autres, on est seul. La recherche obstinée du bonheur ne peut alors que se faire seul. Lorsqu'on ne le comprend pas, on se heurte à des désillusions successives, car dans la société où l'on vit, l'aspiration à l'indépendance est importante. Il faut en prendre son parti.

L'Autre, dans une telle dynamique, devient un obstacle ou un tremplin dans notre développement personnel. Donc, on subit la solitude, mais en même temps, on la provoque.

Attention, Benoît! Je ne veux pas vous donner une vision pessimiste de la société ou de ma génération. Il y a des gens qui ne sont pas seuls, qui vivent encore des valeurs familiales telles que vous les avez connues. C'est une tendance que j'ai observée.

Avez-vous entendu parler, dans votre refuge de célibataires, de ces déjeuners où pour pouvoir converser et ne pas être seul, des gens se donnent rendez-vous le dimanche matin dans un restaurant? L'initiative est bonne, je ne la condamne pas. J'y suis même allée! Mais ça vous donne le pouls de la solitude contemporaine.

Benoît: Et dire qu'à Saint-Michel-de-Bellechasse nous n'avions qu'à ouvrir la porte et à aller veiller!

Sophie: Par contre, ces nouveaux lieux donnent naissance à d'autres réseaux moins formels, qui ne sont pas familiaux, mais qui font que l'individu survit. Le noyau des amis est souvent plus fort dans une société qui se dissout. Des amis sincères qui nous écoutent peuvent être un bon substitut à une famille défaite.

Les adolescents de mon école, dont les parents sont souvent absents, se créent entre eux des réseaux spontanés d'entraide. Vous me direz que ça fait partie du développement de l'adolescence. Je vous dirai que c'est plus que cela. C'est un désir de créer un environnement stable, des formes de communication qu'ils n'ont pas chez eux.

Benoît: La solitude urbaine, c'est toute une histoire! Je connais des femmes qui ont deux, trois verrous à leur porte! Dire qu'à Saint-Michel-de-Bellechasse, on laissait les portes déverrouillées la nuit, au cas où quelqu'un, un passant, un voisin, serait mal pris!

Plus tard, j'ai connu dans des villes comme Montréal, Paris ou Boston, des jeunes qui me semblaient seuls: sans foyer, errant comme des renards affamés. Et cela me faisait mal. Encore aujourd'hui, j'ai mal plus que jamais. Par ailleurs, j'ai connu en communauté quelques misanthropes. Affreux! Tandis que les ermites que j'ai rencontrés dans les monastères me paraissent des êtres superbes. Pourtant ils sont pratiquement seuls avec leurs pensées. Peu de paroles. Peu de récréation. Mais sont-ils vraiment seuls? S'ils croient en Dieu jusqu'à vivre ouvertement en Sa présence? S'ils prient en union spirituelle avec les baptisés, les anges, les saints et l'humanité à laquelle ils disent avoir donné toute leur vie? Si, en plus, ils aiment leur travail, si la vie régulière leur va? C'est la béatitude!

Depuis quelques siècles, des sages et des moines vantent la solitude comme mode de vie... Alors, que penser de Pascal qui déclare sans nuance, parce qu'il est sage: «Tout notre mal vient de ne pouvoir être seuls.» Bernardin de Saint-Pierre aurait dit — et c'est charmant à citer textuellement: «La diète des aliments nous rend la santé du corps, et celle des hommes, la tranquillité de l'âme.»

Peut-être me faudra-t-il toujours distinguer entre «solitude» et «isolement», entre ceux qui s'isolent volontairement et ceux qui sont isolés malgré eux, comme certains malades, certains prisonniers, certains vieillards vivant dans les HLM qui ont passé leur vie à rendre service et que personne n'a maintenant le temps de venir visiter?

Qui a dit: «L'enfer, c'est les autres»? Cher Sartre, qui souhaitait ne pas aller en enfer pour ne pas y trouver Mauriac! En principe, la solitude devrait être sacrée puisqu'elle suppose une certaine séparation et une distance des autres. D'autre part, on peut se demander tout de suite: qui est vraiment seul? Comment peut-on s'isoler des autres dans sa pensée? Solitude n'est sûrement pas isolement. Car on peut être terriblement seul en regardant la télévision ou en marchant dans une ville comme New York, Tokyo ou Montréal. La vraie solitude ne serait-elle qu'intérieure? Comme un état d'âme? Nous serions seuls dans la mesure où, intérieurement, les autres nous sont devenus inaccessibles, étrangers.

«Être adulte, c'est être seul.» Qui a dit cela? Jean Rostand, Jean Rostand le Grand, paraît-il. Les enfants peuvent réussir à vivre la solitude. Regardez-les jouer, eux qui s'amusent souvent seuls dans leur chambre. «Ne me dérangez pas, je suis profondément occupé.» C'est le beau poème de Saint-Denys Garneau. C'est l'une des plus belles descriptions poétiques de l'enfance que je connaisse et elle résume bien ce que je voulais écrire sur la solitude — solitude sacrée et primitive — par l'enfant qui joue:

LE JEU

Ne me dérangez pas je suis profondément occupé

Un enfant est en train de bâtir un village
C'est une ville, un comté
Et qui sait
     Tantôt l'univers.

Il joue

Ces cubes de bois sont des maisons qu'il déplace
               et des châteaux
Cette planche fait signe d'un toit qui penche
             ça n'est pas mal à voir
Ce n'est pas peu de savoir où va tourner la route
             de cartes
Cela pourrait changer complètement
          le cours de la rivière
À cause du pont qui fait un si beau mirage
           dans l'eau du tapis
C'est facile d'avoir un grand arbre
Et de mettre au-dessous une montagne
          pour qu'il soit en haut.

Joie de jouer! paradis des libertés!
Et surtout n'allez pas mettre un pied dans
          la chambre
On ne sait jamais ce qui peut être dans ce coin
Et si vous n'allez pas écraser la plus chère
          des fleurs invisibles
Voilà ma boîte à jouets
Pleine de mots pour faire de merveilleux enlacements
Les allier séparer marier,

Déroulements tantôt de danse
Et tout à l'heure le clair éclat du rire
Qu'on croyait perdu

Une tendre chiquenaude
Et l'étoile
Qui se balançait sans prendre garde
Au bout d'un fil trop ténu de lumière
Tombe dans l'eau et fait des ronds.

De l'amour de la tendresse qui donc oserait en douter
Mais pas deux sous de respect pour l'ordre établi
Et la politesse et cette chère discipline
Une légèreté et des manières à scandaliser les
grandes personnes

Il vous arrange les mots comme si c'étaient de
simples chansons
Et dans ses yeux on peut lire son espiègle plaisir
À voir que sous les mots il déplace toutes choses
Et qu'il en agit avec les montagnes
Comme s'il les possédait en propre.
Il met la chambre à l'envers et vraiment l'on
ne s'y reconnaît plus
Comme si c'était un plaisir de berner les gens.

Et pourtant dans son œil gauche quand le droit rit
Une gravité de l'autre monde s'attache à la feuille
d'un arbre
Comme si cela pouvait avoir une grande importance
Avait autant de poids dans sa balance
Que la guerre d'Éthiopie
Dans celle de l'Angleterre.

SAINT-DENYS GARNEAU

Benoît: Quelle solitude que la nôtre! Tant d'êtres prédestinés au partage et à la convivialité se retrouvent souvent seuls, oubliés, sinon rejetés! Impensable. J'ai toujours peur pour les gens qui, malgré eux, se retrouvent seuls, soit parce qu'ils ont fait un choix rapide, soit par la force des circonstances. L'augmentation du taux de suicide chez les jeunes dit trop bien ce que j'en pense. Personnellement, je considère que la solitude est sacrée quand elle s'occupe de choses saintes ou même d'espaces sacrés. Sacrée est la solitude qu'habite la méditation ou l'adoration de ce qui est saint. Sacrée est enfin la solitude dans laquelle je prépare le bonheur des autres.

Sophie: C'est Mireille Lanctôt qui écrivait: «La solitude est créatrice et engendre l'autonomie.» Dans la mesure où elle est vécue de cette façon.

Benoît: Avec quelle forme de solitude seriez-vous d'accord?

Il me semble que la solitude quand on est jeune, celle que je n'ai pas connue, doit être lourde, lourde. Comme le silence qui la nourrit, la solitude me paraît être une des réalités sacrées les plus accessibles. Mais aussi, si elle est mal identifiée, la plus redoutable.

Sophie: Y a-t-il vraiment plusieurs solitudes?

Benoît: Il y a la solitude refusée. Elle est là. On ne l'accepte pas. Pourtant c'est un fait. Rien n'y peut changer. Il faudrait au moins vouloir l'accepter. Ça prend du temps. C'est difficile d'être seul.

Quand Jésus priait, il disait: Non! oui! Si possible que cette solitude s'éloigne de moi... Non pas ma volonté, mais la tienne! La solitude, c'est un long et difficile combat. Solitude difficile, en un sens inacceptable. Pour un temps, du moins.

Il y a la solitude acceptée. Celle qu'on prend par les cornes. On se dit tout à coup: je suis seul, donc je suis seul. J'accepte ce fait-là et j'essaie de me débrouiller. Comme dit l'auteur de l'*Imitation de Jésus-Christ*: «Si vous portez de bon cœur votre croix, elle-même vous portera...» Accepter une solitude, c'est parfois la diminuer de moitié.

Il y a une solitude meublée. On cherche à s'occuper, on planifie, on ramasse ses souvenirs. On lit, si on peut. Un peu de télévision. On est fidèle à la prière qui rythme la vie. On prie pour ses défunts, on ne les oublie jamais. Petite promenade en pensée, en réalité chaque jour.

Mais la plus belle, la solitude offerte, est celle que j'offre à mes enfants, à mes amis, pour leur bonheur, en leur souvenir. «Il y a plus de bonheur à donner qu'à recevoir. Il n'y a pas de plus grand bonheur que de donner sa vie à ceux qu'on aime...» Et il n'y a pas de plus grand don à faire aux autres que de les aimer, que de penser à eux, même malgré eux. Voilà une solitude difficile, acceptée peu à peu, offerte.

La solitude reste une épreuve, oui, mais elle peut être aussi, comme il arrive à un arbre isolé dans la rue ou dans un champ, le signe bienfaisant d'une grande force... et d'un grand courage.

CHAPITRE 2

Le temps et la mort

*Le temps est la préoccupation la plus
profonde et la plus tragique qui soit.*

SIMONE VEIL

Sophie: Je ne sais trop comment parler du temps. Je sais pourtant que vous tenez à aborder ce sujet.

Benoît: Je n'ai pas la même sensibilité que vous à ce propos. Nous parlerons du temps en soi, des mots qui le disent, pour en venir au temps sacré.

Sophie: Tout tourne autour du temps. Ne serait-ce que lorsqu'on s'aperçoit qu'on en manque. Quand on voit nos enfants grandir, on se dit que «tout a passé tellement vite». On comprend alors ce que nous disaient nos grands-parents pendant que nous les regardions en songeant que nous avions tout notre temps.

Benoît: Comme vous prévoyez bien tout ce qu'il y aurait à dire sur le temps! Le temps en soi, le temps mesurable, le temps intérieur, le temps subjectif, sans oublier nos mesures plus connues qui s'appellent le passé, le présent et l'avenir; sans oublier aussi les fonctions sociales du temps pour arriver à la question qui me hante, le temps sacré.

Sophie: Mais pour vous, qu'est-ce que le temps? Dessinez-le-moi. Saint Augustin ne disait-il pas quelque chose comme «le temps est le miroir de l'éternité»?

Benoît: Pour moi, le maître du temps à Saint-Michel-de-Bellechasse est le fleuve. Il passe, il vient, il revient. «Tu n'empêcheras jamais la marée de faire son devoir», disait mon père. De même «tu ne pourras jamais donner une minute de plus au fleuve: il suit son chenal, il avance. Même sous les glaciers. N'essayons pas de posséder le temps, ni surtout de le commander... Il est divin, il a le sens du devoir, comme ta mère, toujours à son devoir.»

Mais qu'est-ce que le temps? J'entends encore mon père, «sérieux comme un pape», me dire, après s'être joyeusement moqué de mes trop longues années d'étude: «Le temps, le sais-tu mon garçon, c'est pas dans tes livres; c'est comme l'air que tu respires: tu le sens, tu ne peux pas l'attacher, tu en as toujours besoin. Le temps est moins excité que toé: il prend son temps!» Je l'aurais écouté des heures, avec ses maximes et ses taquineries. Surtout quand il nous sortait son verdict favori: «Le temps ne s'arrête pas, il passe.»

À 80 ans, je parlerais maintenant de l'usure du temps comme de l'usure des muscles. Me revient à la mémoire ce joli poème — l'a-t-il chanté?— de Gilles Vigneault:

Sous la lime du temps

Dans l'usure des jours

je t'aime, je t'aime.

Et je ne sais pas pourtant

et je te sais toi-même, durée et mouvement.

Dans l'usure des jours

Sous la lime du temps.

Sophie: Vous êtes bien de votre âge. Vous avez le temps de citer des poètes!

Le temps, on le trouve sympathique quand on prend le temps de vivre, d'aimer. Mais le temps, en général, fait peur... Vieillir, mourir. Le temps passe si vite. J'ai 30 ans et, quelquefois, je me sens déjà vieille. Quand j'entends le cliché «on a l'âge de son cœur», je souris et je me dis que s'il y a une chose qui se montre juste pour tous, en ce bas monde, c'est bien le temps. Il est notre guide, notre hantise souvent, et j'apprends de plus en plus que pas même en s'inquiétant, on ne pourra ajouter une heure à sa vie. Vous, Benoît, vous en avez traversé, du temps. Parfois, je me plais même à vous dire que vous êtes un «monument». Pas très sympathique de ma part, n'est-ce pas?

Benoît: Non, en effet! C'est comme lorsque je vois la bibliothèque qui porte mon nom à Saint-Michel-de-Bellechasse: j'ai l'impression d'être mort!

Sophie: Il est sûr que cela doit faire un drôle d'effet! Mais vous êtes un ancêtre, Benoît!

Benoît: Ça me fait comprendre encore plus tout ce temps, toutes ces années qui nous séparent. On ne peut éviter le temps. C'est l'historien qui parle ici. Le temps est une racine, il est la dimension inévitable de tout être humain. Il situe et appuie notre existence.

Qu'est-ce que le temps? Les anciens disent: «Le temps est la mesure du mouvement.» C'est une composante essentielle de la durée de nos vies; il n'est pas d'existence viable sans lui. Toujours là, invisible, il enracine celui, celle qui le reçoit gratuitement. Mais que je tente de le posséder, de l'administrer en millénaires, en siècles, en années, en mois, en saisons, en jours, en minutes ou en secondes, sa tendance est de fuir à mesure qu'il est identifié.

De plus, nous n'en finissons pas de regarder nos montres! À chacun son âge, à chacun son temps. Prenons-en notre parti. Le temps nous vieillit et il ne sait pas nous rajeunir. J'espère que vous n'êtes pas jalouse que je sois plus âgé que vous?

Sophie: Au contraire, j'ai plutôt l'impression que le temps abuse de vous.

Benoît: Attention! À mon âge, forcément, je suis plus réaliste devant le temps, je le capte au passage comme une denrée de plus en plus rare. Suis-je en sursis?

Sophie: Vous avez des certitudes comme en ont les ancêtres. Les choses que vous avez vécues étaient enracinées. Le temps ne peut donner de racines à ma génération, car tout change trop vite.

Benoît: Le temps, comme le sacré, est reçu, donné. Il affecte notre vie en encadrant ses dimensions sociales et affectives. Les événements que vous vivez ne sont pas les mêmes que ceux que je vis, précisément à cause de l'âge!

Ma mère m'a appris le temps. Il n'a pas de fin ou de début, comme le fleuve. Les saisons ponctuaient la vie.

Sophie: Ma grand-mère m'a souvent raconté que le temps, à Saint-André d'Argenteuil, était marqué par le train qui passait. Dès qu'on l'entendait siffler, elle et ses sœurs se dépêchaient de courir pour voir le conducteur leur envoyer la main. Ainsi, elles savaient approximativement l'heure qu'il était.

Benoît: Malgré l'âge, nous avons des liens fondamentaux, comme aimer, espérer, choisir et croire. Le temps ne peut nous en séparer. On le divise pour le posséder. Le temps, on l'a reçu gratuitement.

Sophie: On ne mesure plus le temps; on ne fait que se rendre compte qu'on n'en a plus! Pourtant, on lui a donné l'impression qu'il était flexible. On peut faire de plus en plus de choses à cause des longues heures d'ouverture des magasins, des épiceries ou des banques. Mais le constat demeure. Les gens n'ont pas de temps!

Benoît: Pour moi, le temps est éternel. Le temps est aussi un grand maître qui règle bien les choses. Si je veux absolument faire une distinction dans le temps, disons qu'on a le temps ouvert, celui qui m'appartient dans ma petite vie d'au jour le jour. Le temps fermé est celui qui m'est soustrait par la mode et les loisirs commandités, payés. Ce que je vous souhaite, en fin de compte, c'est du temps ouvert pour vous, malgré vos horaires, car je sais que vous aimez la réflexion, la méditation et une certaine solitude à inventer chaque jour. Le temps ouvert est aussi celui des désirs, des rêves, le temps des espaces libres pour faire la fête avec Andréanne et ses amis, avec vos proches. «C'est le temps que tu as perdu pour ta rose qui rend ta rose si importante.»

Savez-vous qu'autrefois, on faisait une distinction entre le temps objectif, mesurable, quantifiable, et le temps subjectif, soumis aux humeurs du moment et qui fait paraître le temps plus ou moins long, selon qu'on est heureux ou malheureux?

Sophie: Quelle belle image...

Une de mes mesures du temps, c'est de voir Andréanne grandir. C'est impressionnant de regarder tout ce temps qui a passé, incarné dans une petite bonne femme.

Quand je revois mes anciens élèves, je suis aussi frappée par le temps qui passe. Je constate qu'ils ont franchi des étapes de la vie d'adulte; ils sont en couple, ont des autos et même certains d'entre eux ont déjà un enfant!

Je trouve, par contre, qu'on ne nous incite pas beaucoup à vivre le présent. Tout est pensé pour le futur. Quand un enfant est petit, on lui demande ce qu'il veut faire plus tard. À 30 ans, on pense à la retraite et aux régimes d'épargne. Le futur était-il aussi présent, à votre époque?

Benoît: Notre futur à nous était gentil, rassurant, car pour les habitants, la terre serait toujours là, les saisons aussi. Ils étaient sensibles aux choses qui passent: ils disaient «Le printemps va revenir» ou «Dans le temps comme dans le temps».

Un des signes éclatants que le temps n'était pas une épée de Damoclès, c'est que les gens ne prenaient pas de vacances. Pour eux, cette dimension n'était pas essentielle. Ils n'en sentaient pas le besoin. Le futur leur était assuré. Il y avait du travail. On n'avait qu'à choisir.

Je suis maintenant très sensible au non-travail pour les jeunes. Je comprends que devant ce futur, il y ait tant d'anxiété. Même si je rêve de temps continu, d'un temps d'enfant, je me surprends à diviser le temps en passé, en présent et en avenir.

Ma formation historique, sans doute. Ou mon âge. Quoi qu'il en soit, le passé devient de plus en plus le lot de ma vie.

Sophie: En effet, le temps doit être plus invitant lorsqu'il fait des promesses et qu'il les tient. Ou qu'il les a tenues.

Benoît: Y a-t-il des temps sacrés? Comment pourrait-il en être autrement quand je sais que le temps remonte à des origines si lointaines que je ne puis en saisir le commencement et qu'il est si durable qu'il m'est impossible d'en fixer la fin? Aussi voit-on dans plusieurs religions l'habitude de sacraliser le temps par des fêtes, des pauses, des «unités» de réflexion. Dans la liturgie que je connais, le dimanche est sacré, en ce sens qu'il signifie un événement primordial, la mort et la résurrection du Christ, en ce sens qu'il est imitateur de Dieu qui, dit-on dans les Livres Saints, se reposa le septième jour. Il est sacré aussi, en ce sens que ce jour-là, on devrait s'imaginer au ciel — déjà!— en présence de l'Infini.

Comment s'exprimait le sacré? Par une brisure avec la routine et les travaux quotidiens, par des rites festifs — ainsi nous allions à l'église —, par la convivialité ou la rencontre d'amis et de proches. Avez-vous, Sophie, connu l'équivalent quand vous étiez jeune? J'ai hâte de savoir.

Sophie: J'aimais et j'aime encore l'automne parce qu'il ramène le retour à l'école. Le temps des Fêtes était aussi un temps sacré où toute la famille se réunissait. Du côté de mon père, c'était plutôt tranquille. Mais du côté de ma mère, c'était plus animé. On en a usé, des tapis, et renversé des sapins chez ma grand-mère Marguerite! Peu à peu, les traditions se sont perdues. Mais c'étaient des temps importants! Des temps sacrés!

Le temps des vacances avec mes parents l'était aussi. Chaque année, nous passions nos vacances dans des endroits différents. À Rigaud, au chalet de mes grands-parents, ou dans les Laurentides, bref au gré du temps! Voilà mes temps sacrés.

Benoît: À Saint-Michel-de-Bellechasse, nous ne connaissions pas cette profanation des jours qu'on appelle vacances, weekend, ou, selon une terminologie syndicale, journées d'études, jours payés temps double, jours de maladie, et quoi encore! Ce qui, à mon avis, distingue le temps sacré rural du temps sacré urbain est que le temps sacré urbain exprime davantage une rupture avec le quotidien, l'ordinaire et le répétitif. Le sacré urbain est imitateur du temps sacré rural qui, lui, obéit tout simplement aux rites des mois et des saisons ou plutôt de la nature. Le temps urbain est si nostalgique de la lenteur de l'espace et du cosmos en général, qu'il veut être vécu à la campagne, d'où tant de maisons secondaires.

Le temps est comme le tissu de nos vies. Il nous habille, il nous vieillit aussi. Je parle pour moi, mais qu'en dites-vous, Sophie?

Sophie: Il nous permet de vivre, de comprendre, de faire des expériences. Mais pour les femmes, il y a aussi ce qu'on appelle «l'horloge biologique». On passe un temps fou à étudier, à obtenir des diplômes, une profession et à décrocher un emploi permanent — s'il en reste! Et alors, plusieurs femmes se réveillent en se disant: «Mon Dieu, j'ai plus de 30 ans et je n'ai pas encore d'enfant!»

En plus, j'ai l'impression que, secrètement, ma génération refuse le temps. Le fait de s'obstiner à ne pas vieillir — tant de gens s'amusent à jouer les éternels adolescents — montre bien que le temps fait peur. Il est le témoin d'une société vide, ce *no future* où l'on ne prend aucun engagement par crainte des conséquences ou des échecs. Donc, pas de mariage, pas d'enfants. Le temps est perçu comme mauvais.

Benoît: Par contre, le présent est plus que passionnant. Si important. Si fragile. Chaque jour s'annexe peu à peu demain. Chaque soir promet un matin, comme l'aube promet une journée. J'aime bien cette parole de mon frère et ami, le Christ: «À chaque jour suffit sa peine.»

Comme elle a raison la petite Thérèse de l'Enfant-Jésus de transcrire souvent cette jolie phrase lamartinienne: «Le temps est ton navire et non ta demeure.» Tout comme les premiers chrétiens aimaient se dire, comme pour se consoler de la brièveté de la vie: «Cette vie est un pont, n'y construis pas ta maison.»

Vous verrez quand vous atteindrez mon âge!

Par ailleurs, je serais le plus malheureux des hommes si je passais mon temps à observer ma montre, le calendrier et même les astres...

Sophie: Ça doit être ma «vieillesse» à moi aussi, mais je trouve que ça passe trop vite! Il me semble que je ne me suis jamais autant souciée du temps que maintenant, à 30 ans!

Benoît: Eh oui! c'est l'âge. J'ai vu des horaires tellement chargés qu'on pouvait se demander si telle ou telle victime de ces horaires était encore un être libre, bien qu'elle se dise toujours libérée. De toute façon, qui le dit trop ne l'est pas suffisamment.

Ah! que j'aimerais parler du temps qualitatif, le temps plus secret de la vie au quotidien, le temps d'aimer, de croire et d'espérer.

Je voudrais m'enflammer à vous faire l'éloge du quotidien. Me comprendrez-vous, vous la moderne, la femme des horaires à tout faire à la fois?

Sophie: Ça, c'est vrai! Quelquefois, le vendredi, je me fais un plan pour la prochaine semaine et je me dis que je ne passerai pas à travers! Moderne et pressée, peut-être. Par contre, je ne porte jamais de montre! Et je n'ai surtout pas d'agenda électronique.

Mon beau-père qui, à 58 ans, a décidé de réaliser un de ses rêves, aller travailler en Afrique, a vite compris l'importance du temps: nous, nous avons des montres, mais pas de temps! Eux, ils n'ont pas de montre, mais ils ont du temps. Temps pour se parler, pour demander des nouvelles de tout un chacun. Quand on a réglé les questions essentielles, on se met au travail.

Peut-être les crises cardiaques seraient-elles moins nombreuses si on agissait comme eux et si on prenait le temps de se parler.

Benoît: En ville, la nuit empiète sur le jour; l'aurore n'est pas respectée, ni le crépuscule. Si bien que plusieurs de mes
compagnons de vie, et ce sont des clercs, préfèrent le travail du soir et même de la nuit au labeur du matin. Cette
dislocation de la journée faite de jour et de nuit, de soir et
de matin, est tout à fait significative d'une blessure: qui ne
respecte pas l'aurore et le matin ne sait pas ou ne sait
plus, sinon en théorie, la symbolique de la lumière, celle
du jour et celle de la nuit. Assez, avant que je me perde...

Ah! mais j'oubliais. Autrefois, nous avions aussi des mois
sacrés, le mois de Marie, par exemple, en mai, ou le mois
du Sacré-Cœur, en juin. Chaque semaine avait son *vendredi* maigre: toujours du sacré. Encore aujourd'hui, certains
se souviennent d'une semaine sacrée, que nous appelions
la Grande Semaine, la Semaine sainte avec ses Jours
Saints des jeudi, vendredi et samedi.

Sophie: Savez-vous qu'en vous écoutant, je me rends compte que
c'est la première fois que je m'arrête à parler autant du
temps?

Benoît: C'est bien heureux! Moi le temps a toujours fait partie de
mes préoccupations. Mais quand on pense au temps qui
passe, il nous arrive aussi de penser au temps où il faudra
partir...

Sophie: Vous voulez parler de la mort... J'ai la nette impression
que votre religion aide à intégrer l'idée de la mort, cette
réalité si pénible à laquelle personne n'échappera.

Votre foi, votre croyance vous font croire à la vie éternelle.

Mais, tout ce sujet de la mort n'est que livresque car finalement, on ne la comprendra que lorsqu'on sera mort. On
peut l'imaginer, en parler, mais c'est tout. Et le nombre de
publications qui y sont consacrées! Incroyable! Comme si
les gens qui les écrivaient en savaient davantage!
Pourtant, personne ne sait. Même si Félix Leclerc a dit
«qu'il y a plein de vie dans la mort».

Que ressentez-vous en pensant à votre mort?

Benoît: À 80 ans, on fait plus qu'imaginer la mort des autres: on sait que la sienne arrivera. J'ai accompagné tant de mourants, des personnes qui m'étaient chères, et j'ai célébré tant de funérailles que je ne sais plus si j'ai peur ou si j'ai hâte!

Il ne faut fuir ni la peine, ni le mal, ni la mort. Celle-ci est une réalité physique, si physique que la pensée ne peut ni la guérir ni l'imposer. Bien entendu, de l'extérieur, la mort peut paraître une forme d'évasion, mais il reste que, devant la mort, je suis désarmé. Donc, la religion n'empêche pas la mort d'arriver. Au contraire! Elle offre un éclairage de plus, une pensée positive en ce qui concerne la mort. Elle répond à mon désir de durer, de revoir les parents et les amis, et elle répond à mon propre désir de survie.

Quelle énigme!

Sophie: Ça, c'est une vision de la religion, c'est la mort des autres... Mais la vôtre?

Benoît: Une chose est certaine: j'ai reçu de ma croyance — que je ne veux pas vous imposer — que la vie continue.

Les Grecs l'avaient déjà dit: l'humain est immortel. Du Christ, mon frère bien-aimé, j'apprends que la vie est éternelle, immortelle!

Comme c'est grand à croire, à penser! Même le corps reviendra. «Corps glorieux», dit la Bible. Pour toutes ces raisons, je *sais* la mort et je l'accepte totalement.

Sophie: Vous n'aurez pas le choix, de toute manière! Vous n'avez même pas l'ombre d'un doute ou, comme le disait votre ami Doris Lussier, la curiosité d'aller voir si vous êtes immortel!

Votre foi semble faite de beaucoup de certitudes. Vous me semblez trop convaincu pour être convaincant! Vous savez comme je n'aime pas ces certitudes imposées!

Benoît: Toute la foi chrétienne en appelle à l'espérance. J'ai quand même hâte de voir, voir mon ami le Christ et Marie, sa mère. Face à face. Le reste? Je ne sais trop en parler présentement. Bien que l'idée de me retrouver en compagnie de mes parents, de mes proches et de mes amis me rejoigne beaucoup.

Pourtant..., dois-je me confesser à vous?

Sophie: Ça pourrait être une primeur ecclésiale!

Benoît: Alors, je le fais. Je serai peut-être indigne de ce bonheur... mais, j'ai confiance, follement confiance, en la miséricorde de mon Sauveur.

Sophie: Des vieilles peurs de votre catéchisme refont surface? Si votre Dieu est si miséricordieux, pourquoi laisserait-il périr quelqu'un? Encore plus vous, qui avez donné votre vie aux autres, si j'en crois ceux qui vous entourent!

Et que répondez-vous à des gens qui se consolent en se disant qu'ils vont être réincarnés?

Benoît: Ils perdent du temps, ils reviennent en arrière; la résurrection est en avant!

Sophie: Jusqu'à présent, je n'ai pas peur de la mort. J'ai plus peur de la mort de ceux que j'aime! Peur de ne pouvoir survivre à leur absence. Je ne sais pas si je pourrais vivre sans ma fille, sans l'homme que j'aime. Je me rends compte que nous avons tous besoin d'être préservés de la mort, mais que nous ne pouvons y réussir. Et je n'aime pas beaucoup en parler. J'en éprouve un certain malaise.

Benoît: N'oubliez jamais que l'espérance demeure notre phare à tous.

CHAPITRE 3

L'inutile, l'espace et les voyages

Ce qui est inutile est presque toujours inépuisable.

COLETTE

Sophie: Lire... regarder le ciel... s'adonner à un passe-temps qui nous passionne... déchiffrer un mot croisé, assembler un casse-tête... faire du vélo lorsqu'on sait que tout est à la traîne chez soi. Regarder ses enfants jouer... Partager son quotidien avec un copain, écouter une amie qui nous parle du sien. Regarder tomber la pluie. Rêver aux voyages qu'on a faits et à ceux qu'on fera... Rien qui rapporte... Pourtant ces instants sont peut-être les plus beaux, car, à ce moment, on vit vraiment. Est-ce possible de voir le sacré dans l'inutile?

Benoît: L'inutile? Le temps que je perds à regarder passer le fleuve de mes rêves, le Saint-Laurent. Le temps que je perds à vous confier mes opinions sans savoir si elles sont valables! Le temps que je perds à voir venir le printemps... et même l'hiver que j'aime à cause de la neige qui élargit et purifie les paysages. Le temps que je perds à appeler une personne ou une autre pour m'informer de son travail, de sa santé, de ses études. L'inutile, c'est tout le Grand Nord auquel je pense avec ses forêts, ses lacs, ses glaciers. L'inutile, c'est cette pointe de terre au trécarré peu cultivable, trop rocheuse, mais que mon père gardait simplement parce qu'elle était là. Comme il disait: «La pointe de

Maska, même si elle ne sert pas, elle fait partie de notre terre.»

L'inutile, c'est d'aller voir l'un au centre Saint-Henri ou l'autre au manoir Rockland. L'inutile, en Amérique du Nord, est tout ce qui ne produit pas, ne rapporte pas d'argent, empêche d'être riche... Et les malades! Et les handicapés! Ils sont officiellement inutiles, mais que d'amour autour d'eux et grâce à eux!

Je ne sais pas ce que vous en pensez, mais je peux vous dire que j'ai compris l'inutile parce que j'aime ce qui est un peu fantaisiste.

Sophie: Je suis d'accord. La course folle des gens pour accéder à plus de pouvoir, plus de biens matériels et plus d'argent me hérisse profondément.

Tout ce qui ne rapporte pas est à rejeter. Heureusement, il restera toujours des gens qui, par de simples gestes — servir des repas à l'Accueil Bonneau, faire partie de groupes d'entraide, accompagner des mourants, aller conduire des patients à leurs traitements de chimiothérapie —, continuent à faire germer l'espérance.

Non, ça ne rapporte rien dans les coffres de l'État. On peut même dire que ça lui permet d'économiser! Mais combien est grande et paradoxale cette «inutilité». Il y a quelque temps, j'ai eu une discussion avec quelqu'un qui avait pour opinion que tous ceux qui n'ont pas de «qualité de vie», comme les handicapés ou les malades chroniques, devraient mourir — je n'ai pas osé lui demander comment, j'avais peur de la réponse!— car, selon lui, ils ne *vivent* pas et, à la limite, ils coûtent cher à la société.

Démontée n'est pas un terme assez fort pour qualifier ce que j'ai ressenti en entendant cela... Et qu'est-ce que la qualité de vie? Sont-ils si inutiles que cela ceux qui font naître tant de gestes d'amitié autour d'eux?

Benoît: L'Évangile le confirme. Une parole du Christ, ou plutôt deux de ses paroles m'ont toujours fasciné: «Perdre sa vie, c'est la gagner» et «Même un verre d'eau donné en mon nom n'est pas perdu».

Pourquoi insister? J'ai appris, en lisant la *Genèse*, que Dieu n'a pas besoin de nous pour exister et être heureux. Il était avant nous et Il nous a créés par pure gratuité, sans y être obligé. Donc, lui aussi, et lui le premier, aime l'inutile!

L'amour à son meilleur doit être inutile. Je ne dois rien rechercher. Simplement être là pour l'autre, avec l'autre, savoir qu'il est là. Amour sans gratuité; amour sans printemps!

Sophie: Vous ressassez vos théories de prêtre. Puis-je vous dire qu'après un divorce, aimer avec gratuité, c'est-à dire sans rien attendre en retour, est difficile? «Chat échaudé craint l'eau froide», dit le proverbe. On devient méfiant. Cynique. On veut des garanties, en sachant fort bien que la vie n'en offre aucune.

Et lorsqu'on commence à aimer avec gratuité, on revient vite sur nos positions comme si on s'était trop laissé aller, on a peur.

Benoît: Le jour où j'aimerai par utilité, j'aimerai moins. Est-ce que j'aimerai encore? Je me le demande. Je me le demanderai toujours. Vos propos me tenaillent.

L'inutile! Laissez-moi réfléchir encore. Le sacré est ce qui est réservé, mis à part; l'inutile est aussi mis à part ou plutôt mis de côté: il n'a pas de valeur marchande, ni d'échange, ni de valeur matérielle. Je pense à l'adoration, un acte qui n'est pas très attirant au premier abord. Comme dirait Thérèse de Lisieux: «Je m'en vais à la chapelle et là, en adoration, je ne sens rien, je suis inutile, je fais la momie. Dieu, lui, me voit.» Ces mots m'ont toujours séduit. Et ce qui m'a le plus fasciné dans certaines amitiés que j'ai vécues, au masculin comme au féminin, ce fut leur inutilité. Le jour où nous avons voulu être utiles l'un à l'autre dans un sens intéressé, l'amitié s'est évaporée dans l'espace et nous n'en avons presque pas souffert. Tragique constatation, je l'avoue.

Sophie: Laissez-moi vous raconter quelque chose qui m'arrive régulièrement et qui me fait sourire.

Je sens un certain malaise, très fugace, lorsque je dis aux gens que j'enseigne la religion... «Quoi, ça s'enseigne encore?» me répondent-ils, tout ébahis. Un petit sourire entendu apparaît sur leur visage et je les entends réfléchir. «Quelle perte de temps!» Inutile! Dire qu'on pourrait donner plus d'heures à l'enseignement du français ou des mathématiques!

Je pense aussi au discours de certaines centrales syndicales qui disent que «les petites matières», décrivant ainsi les arts, la danse, la religion, la morale et l'éducation physique, devraient disparaître des écoles pour faire place à des matières plus nobles! Je vous laisse deviner lesquelles! Tout ce qui n'est pas rentable, utile, doit être évacué, c'est le prix à payer dans une société performante.

Benoît: Dans la même perspective de l'inutile, je nommerais la lecture pour la lecture, la musique pour la musique, la peinture pour la peinture... C'est-à-dire tout ce qui ne rapporte pas. En tant que mélomane, j'aime perdre du temps à écouter de la musique. Du rock and roll jusqu'au dernier menuet. Le violon m'émeut quand il dialogue avec l'orchestre; l'orgue me séduit quand il remplit une cathédrale.

L'orgue, une invention quasi divine. Un seul instrument pour autant de sons. D'ailleurs, il m'est arrivé d'être transporté après l'audition de jeunes organistes montréalaises qui maîtrisaient cet instrument d'une façon exemplaire et de me demander comment elles pouvaient réussir tant de jeux en arabesques.

Ai-je des pièces préférées? Chaque année, au temps de Pâques, les *Cantates* de Bach. Un soir de fatigue: Mozart, Chopin, Debussy ou même pour m'étourdir le *Boléro* de Ravel dans la version Dutoit. Le fils d'habitant que je suis s'enthousiasme vite pour la *Pastorale* de Beethoven.

Sophie: La musique, oui. Un inutile nécessaire. Puis-je cependant vous exprimer mon scepticisme...? Vous écoutez du rock and roll! Je donnerais beaucoup pour vous voir en écouter! Est-ce que vous faites aussi quelques «steppettes»?

Benoît: J'imagine celles des autres.

Sophie: La musique que j'aime est différente de la vôtre: ce sont les voix divines ou tendres de Cesaria Evora, de Loreena McKennitt ou d'Enya qui bercent mes soirées où l'inutile a sa place. Mon âme est particulièrement touchée à ce moment-là.

J'aime aussi la lecture. Lawrence Durrell me rend jalouse, avec ses phrases magnifiques! Et que dire de Pascal Quignard, d'Yves Simon, de Christian Bobin, de Raphaëlle Billetdoux, de Nina Berberova, de la poésie de Marina Tsvetaïeva ou d'Emily Dickinson et de l'ironie de Françoise Sagan? De Nancy Huston ou de Romain Gary. J'aime ces auteurs, tout simplement. L'écriture est tellement accessoire, mais combien importante.

L'inutile? Être dehors à écouter le claquement des draps qui sèchent sur la corde. Caresser son animal domestique, faire des bulles à son enfant qui s'amuse à les faire éclater... Quels bonheurs inutiles, mais cet inutile est tellement nécessaire! Je dirais même que c'est dans cet inutile que l'âme est vraiment touchée.

Benoît: Tout de suite et en me référant à la grande société nord-américaine capitaliste, je dirais que le plus inutile des êtres qui soient en cette fin de siècle est Dieu. Dieu l'Absolu, Dieu l'Indicible, Dieu l'Ineffable, Dieu de toute Énergie, Dieu Créateur, Dieu Rédempteur, Dieu Illuminateur. L'Être Sacré par excellence. Quoi de plus inutile que de le prier, de penser à Lui, de méditer et d'observer un culte! «Je n'ai pas le temps», «Ça me dépasse», «Une invention des prêtres», et quoi encore?

Sophie: Il est vrai que l'on peut facilement trouver bien des raisons pour ne pas consacrer de temps à sa vie intérieure, à méditer. C'est l'inutile à son apogée!

Que de choses on pourrait faire à la place! C'est ce que beaucoup de gens pensent!

Pourtant, quand la société s'imposait, d'un commun accord, un jour de repos, de contemplation, elle était beaucoup plus détendue. Le sabbat des Juifs est quelque chose que je trouve remarquable. Nous avons perdu ce rite de suspendre le temps, une fois par semaine. C'est bien dommage.

Benoît: Maintenant, j'ai le goût de vous dire le mot «espace» et tout ce que ça soulève en moi. Quand on a passé son enfance et sa jeunesse en pleine nature, à observer le temps et ses secrets, il est difficile de ne pas être attiré par ce qui s'appelle, en haut et en bas, ciel et terre, jour et nuit, lumière et ténèbres. Jadis, notre télévision quotidienne, c'était le soleil, la lune, les étoiles. À cette époque, nos regards étaient libres, ils n'étaient pas encore enchaînés par des images imposées à la vitesse des ondes.

Pensons aux éléments premiers, l'eau, l'air, le feu et la terre, sans oublier la végétation, les saisons et l'univers animal que je serais ingrat de ne pas mentionner.

Évidemment, vous soupçonnez l'influence première des paysages de mon enfance: l'île d'Orléans, les Laurentides. Quelle féerie! Quel horizon!

Sophie: Et le fleuve!

Benoît: Exact! Pour moi, la créature la plus sacrée qui soit est le Saint-Laurent: profond, puissant, mobile, fidèle et généreux, jusqu'à porter avec autant de plaisir une goélette que des *Empress*. Tout comme autrefois et encore aujourd'hui, il accepte chalutiers, voiliers, chaloupes et autres embarcations. Le fleuve n'est pas naïf: il peut faire des colères quand bon lui semble. Comme Dieu, il est à craindre et à aimer.

Le fleuve et moi, nous ne nous sommes jamais ennuyés l'un de l'autre. À 80 ans, j'habite l'île de Montréal et je le vois changer de visage et même d'espace visuel, selon les saisons. L'hiver, dans la région de Québec, il déroule une belle nappe blanche où se dépose l'île d'Orléans au bout, l'île à Félix ou l'île aux Sorciers. En effet, quand nous étions enfants, les lueurs que nous apercevions quelquefois à Saint-Michel nous laissaient supposer que «des sorciers de l'île traverseraient...» C'est ainsi que, «près du fleuve géant», j'ai appris très tôt, même avant de connaître le catéchisme, que l'univers était sacré, puissant, habité d'ombres et de clartés.

Sophie: Vous et votre fleuve! S'il était à vendre, je crois que vous l'achèteriez comme Félix aurait acheté son île. Vous en êtes profondément épris. Vous y pensez aussi souvent que moi je pense à ma fille...

Benoît: Attention, Sophie! Ne vous moquez pas du fleuve... ni de moi. Il a accueilli tant de rêves et de réflexions qu'il est devenu un de mes grands amis.

Sophie: Je m'étonne que vous préfériez le fleuve au ciel, je veux dire au firmament.

Benoît: D'une autre manière et pour d'autres raisons, j'aime tout autant le firmament. Haut, immuable, fixe, orné d'étoiles la nuit, illuminé le jour, selon les images de mon enfance, il est comme le vestibule du ciel. Monsieur le Curé l'appelait «la coupole céleste»; ma mère, le «dais» d'en haut. Le firmament, c'est l'abri, le grand drap bleu qui protège la terre ou qui l'abreuve au besoin. Malgré les orages qui surviennent, il demeure, dans nos esprits, protecteur et, au besoin, discret. Comme nos mères!

Sophie: On dirait que vous regardez tout à la fois, et d'un seul coup. Moi, je préfère contempler les étoiles dans le ciel. Par exemple, je regarde la Grande Ourse et je rêvasse en pensant qu'au même instant, d'autres la regardent avec moi. Univers des esprits. Solidarité. Je me sens moins seule. Liée à quelqu'un d'inconnu dans l'univers.

Benoît: Dois-je vous révéler que je suis... un fervent de la spiritualité cosmique, celle qui, durant des siècles, a nourri des milliers et des milliers de générations de fidèles, celle que l'on trouve en abondance dans l'Ancien Testament, dans les Psaumes, par exemple, celle du Christ qui ne cesse de s'y référer dans ses paraboles.

L'eau, son pouvoir et ses symboles m'instruisaient. Eau de pluie. Eau de mai. Eau de Pâques. Eau bénite. Que de merveilles à la fois!

Et l'air! Surtout le nordet qui nous rappelle à sa façon la toute-puissance et les attentions du Créateur que nous trouvons parfois indiscrètes. Le noroît a meilleure réputation; plus souple, plus doux, en principe, il est moins disposé à éclater en de saintes colères.

Quant à la terre, notre mère nourricière, elle nous boudait en hiver, pour un temps seulement. Comme si elle avait besoin de dormir, elle aussi! Au printemps, à l'arrivée des rogations, la bénédiction des grains, nous avions l'impression d'un complot entre notre terre du Troisième Rang, le ciel, Dieu et nous.

Le seul élément qui nous obligeait à des résistances implicites, à cause de ses conduites imprévisibles, était le feu. Pourtant, il nous procurait chaleur et clarté, mais sa conduite parfois insolite au temps des orages nous forçait à le redouter jusqu'à prier pour ne pas être de ses victimes.

Sophie: J'aimerais penser l'univers aussi largement que vous. Mais je n'ai ni vos yeux ni l'amplitude de votre regard qui transperce l'horizon.

Benoît: Lorsque je dis «espace», quelles images vous viennent à l'esprit?

Sophie: Plus je vous écoute et plus je constate à quel point nos univers mentaux, culturels et... géographiques sont différents.

J'ai grandi en banlieue, ne l'oubliez pas! Alors, je n'ai pas vraiment de souvenirs de grands espaces.

Nous vivions dans un appartement de quatre pièces et demie avec une petite cour et une petite galerie. Je regrette un peu que mes parents n'aient pas de maison où je pourrais retourner aujourd'hui avec ma fille et lui dire: «Regarde, c'est là que maman a grandi!» Vous savez, cette image idyllique à l'américaine, où la maison perpétue les traditions!

Et que dire de cette planète, si grande, où l'on peut choisir de partir! Mais si petite aussi, car l'avion a rapproché les gens.

Benoît: Vous le savez, j'ai été imprégné de religion. Alors, je peux sans aucune crainte vous dire à quel point l'église était l'espace sacré par excellence.

Sophie: Plus je vieillis... Qu'avez-vous, Benoît?

Benoît: Je souris. Vous avez beaucoup d'étapes à traverser pour me rejoindre!

Sophie: Monsieur Lacroix, s'il vous plaît, ne vous moquez pas. Moi aussi, je vieillis. Et plus j'avance dans mes réflexions, plus je me rends compte à quel point nous sommes éphémères. Nous avons été insérés dans l'univers, à un moment donné, à un endroit donné. Plus j'avance dans cette existence, plus elle m'étonne. L'immensité du cosmos m'impressionne. Je ne suis pas née comme cela, par hasard! Il y a une lignée qui me précède et une qui me suivra. Et tout cela m'émerveille. Sans compter toutes les personnes que j'ai rencontrées ou que je rencontrerai. Vraiment, tout l'espace est surprenant!

Benoît: L'univers sera toujours surprenant... et nous appellera à nous questionner, encore et toujours. L'immensité de l'univers est aussi une chose fascinante à découvrir...

Sophie: Vous avez été un globe-trotter, Benoît. Racontez-moi vos plus beaux souvenirs de voyage.

Benoît: Oui, j'en ai fait des voyages dans ma vie! L'Orient avec le Japon. L'Afrique avec le Rwanda. Un peu d'Amérique latine avec Cuba. Beaucoup de Proche-Orient avec le Liban, la Jordanie, Israël et la Syrie. L'Europe de l'Est, l'Europe de l'Ouest, avec presque tous les pays, sauf les pays nordiques.

    J'ai sillonné la Manche, la Méditerranée et l'Atlantique, survolé le Pacifique. Et dire que j'ai à peine vu le Canada. Je connais assez bien le Québec: magnifique pays! Inspiré par un instinct religieux sûr, mon peuple ne s'est guère trompé en matière d'art populaire. Quelle richesse! Jolies petites églises rurales, joyeux clochers d'argent, opulence intérieure de la basilique Notre-Dame à Montréal: le sacré à l'état pur! Plus tard, j'ai vu et revu les rosaces, les statues et les verrières à Chartres, à Notre-Dame de Paris ou à

Notre-Dame de Ronchamp, du «grand sacré qui dit tout sans parler».

Ce que le voyage m'a appris? Vous le savez déjà un peu. La vie est un chemin, oui, mais un beau chemin. Il suffit d'ouvrir les yeux.

Mon plus beau souvenir? L'Afrique! J'étais à Butare, au Rwanda. Celui d'avant les folies de l'année 1994! J'ai pu vérifier sur place la puissance de la tradition orale. Petit pays où toute nouvelle se propage, grossit ou même s'invente en l'espace de quelques heures pour ne pas dire moins.

Au Rwanda, croyez-le ou non, j'ai connu la fraternité, la politesse, le goût de discourir, le chant, les inlassables charges du tambour, et j'ai entrevu un christianisme plutôt ritualiste que je croyais très ancré dans la vie intérieure. Et puis toutes ces Rwandaises, jeunes adolescentes, marchant vers les lieux d'eau le matin au soleil, des promenades quasi sacrées, pèlerinage vers l'eau, tous les jours. C'était d'une beauté presque inimaginable.

Ce sont des souvenirs joyeux, et certains des voyages ont été faits avec des étudiants et étudiantes de diverses nations, vers Chartres, vers Rome ou vers Jérusalem.

Sophie: Vous avez fait des pèlerinages, n'est-ce pas?

Benoît: Bien sûr! Les pèlerinages consistaient à revoir des lieux sacrés avec des personnes, des jeunes souvent, de diverses religions. C'était une expérience communautaire formidable. Chartres, par exemple. Nous partions de Rambouillet, près de Paris, et prenions trois jours pour nous rendre à Chartres. Nous couchions dans les granges, chantions, dansions!

Un événement social. Et notre arrivée correspondait toujours avec une fête importante de l'Église. À Chartres, ça pouvait être l'Assomption. À Lisieux, la fête de sainte Thérèse.

Et surtout, ça rappelait aux gens qui habitent la ville le privilège qu'ils avaient de vivre si près d'un lieu sacré.

Lorsque je suis venu vivre à Montréal, ma mère n'en revenait pas de voir que je n'allais pas à l'Oratoire tous les jours! Vous voyez?

Les voyages créent l'amitié. Un jour, en compagnie d'une Allemande, d'un Autrichien, d'une Canadienne et d'une Suisse, jeune étudiante de Glarus, je suis parti sans réservations, sans argent ou presque, vers l'Espagne. Un mois magnifique. Des aventures pittoresques. Or, ce voyage m'a permis de nouer une grande amitié avec Eveline Hasler — romancière bien connue en Suisse — et sa famille. Quarante ans ont passé, nous correspondons toujours et notre amitié dure encore. Elle et son mari sont venus au Canada il y a quelques années. D'autres amitiés, tout aussi improvisées, se sont greffées à la nôtre. De vraies amitiés: beaucoup de tendresse, un grand respect, une liberté réciproque. Et chaque fois que nous nous revoyons, c'est comme si c'était hier à Madrid, à Barcelone ou à Tolède.

Sophie: Les voyages laissent à l'âme des souvenirs impérissables. Et je reconnais que lors de moments plus pénibles, je me surprends à «partir» en pensée et je me retrouve quelque part dans un coin de vigne en Alsace où je m'étais arrêtée pour admirer le paysage; ou je me revois en train de prendre l'apéro chez des hôtes vignerons en Champagne avec des amis britanniques.

On dirait que les lieux qu'on a visités nous appartiennent. C'est formidable, l'esprit nous permet de revenir à des souvenirs qui nous réconfortent. Je garderai toujours en mémoire la tombe d'Édith Piaf ou celle d'Yves Montand et de Simone Signoret que j'aime beaucoup, au cimetière du Père-Lachaise, à Paris. Ou l'île Saint-Louis où Camille Claudel a vécu sa passion avec Rodin et sa lente descente vers la folie. Des souvenirs que personne ne peut nous voler.

Ce qui me fascine quand je vais en voyage, malgré le fait que le Québec est un pays magnifique, c'est de voir des choses que je ne pourrai jamais voir ici. À cause du jeune âge du Québec, justement.

Ce camp de concentration français, Struthof, dont je vous ai déjà parlé, où j'ai vu des Allemands placés devant leur histoire: la ligne Maginot, que je connaissais par mes cours d'histoire, mais que j'ai vu de mes yeux vus! Des châteaux du XIIIe siècle et ces merveilles que sont les cathédrales.

Si j'aime le Québec, j'aime aussi toute la culture des autres pays et ce qu'ils m'apportent dans leurs nouveautés. Et savez-vous quelle est l'une des plus grandes découvertes que j'ai faites, en Belgique?

Benoît: Je n'ai pas besoin d'insister; rien qu'à voir vos yeux, je sais que même si je n'écoute pas, vous allez me le dire de toute façon!

Sophie: Hum! Hum! Vu votre amitié, j'accepte sans broncher votre remarque...

Je veux vous parler de Redu, village du *Livre*, situé à deux heures de route de Bruxelles. C'est un village de 400 habitants tout à fait bucolique, et où on ne trouve, à part quelques restos, que des librairies, des bouquinistes et même, une papeterie! Un *must* pour les amoureux du livre. Le paysage est enchanteur et n'invite qu'à une chose: lire!

Benoît: Saint-Denys Garneau l'a dit: «Tous mes voyages, je les ai faits par les mots. On les envoie en reconnaissance et ils rapportent tous les pays.»

Chapitre 4

Des défis: la prêtrise et la peur de l'engagement

Tout ce qui va augmenter dans le monde, au cours de cette journée, tout ce qui va diminuer — tout ce qui va mourir aussi —, voilà, Seigneur, ce que je m'efforce de ramasser en moi pour vous le tendre; voilà la matière de mon sacrifice, le seul dont vous ayez envie.

Pierre Teilhard de Chardin

Sophie: Certaines personnes qui vivent ensemble depuis long-temps disent que, dans la société actuelle, elles semblent tout droit sorties de la préhistoire.

Que dire alors de vous qui êtes encore prêtre! Quand on connaît l'indifférence dont le clergé fait l'objet. Ça doit être assez particulier. Vous, les prêtres, n'êtes plus des per-sonnes sacrées, loin de là. Quels sont vos défis, si vous en avez encore?

Comment traversez-vous cette grande métamorphose d'une «religion respectée à une religion suspectée», comme vous l'avez déjà dit dans une conférence?

Benoît: Il n'est pas nécessaire d'être prêtre pour avoir une spiri-tualité d'avant-garde ou une spiritualité tout court.

Il reste qu'un prêtre sans spiritualité, c'est comme une terre sans eau, un arbre sans racine, un moraliste sans l'Évangile ou un chrétien sans le Christ.

Sophie: Eugen Drewermann a écrit un livre réaliste, méchamment intitulé *Les fonctionnaires de Dieu*. Il y aurait des prêtres technocrates?

Benoît: Cela arrive. Ne généralisons pas s'il vous plaît!

Sophie: Vous qui avez déjà avoué que vous n'étiez pas parfait, je sens chez vous une générosité intérieure qui frise l'enthousiasme d'un jeune premier fraîchement sorti d'un séminaire. Comment vivez-vous votre sacerdoce, à 80 ans?

Benoît: En toute circonstance, il me faut être humain au maximum, pareil à tous les gens. Être à la fois signe et signification. Un combat douteux, souvent contradictoire et téméraire, entre la réalité sacerdotale et l'impérialisme médiatique.

Il faut préserver le signe, chargé d'une puissance sacramentelle, qui change le rapport humain et qui crée, entre nous et les gens, une différence, une distance...

Sophie: Qu'est-ce qui vous rend heureux? Des compensations affectives, des petites amitiés secrètes?

Benoît: Allez-y, défoulez-vous! Il est d'autant plus facile d'imaginer quand on connaît peu de chose, sauf quelques cas douloureux dans les manchettes des journaux. Les gens ne voient que l'écorce. Ils sont facilement distraits! D'autre part, l'habit ne fait pas le moine.

L'essentiel est invisible. Le seul vrai prêtre, c'est le Christ. Le prêtre apporte au monde une parole d'honneur, un engagement sacré, un idéal d'amour et de justice.

Ce qui me tient, Sophie, c'est le bonheur de donner ma vie à d'autres qui vont et qui viennent. Les bonheurs de donner sont si grands! Donner sans compter!

Sophie: Avez-vous déjà regretté votre vocation?

Benoît: Jamais! Pourquoi? Parce que j'ai appris en cours de route que la vocation était, elle aussi, un signe de Dieu pour que je donne ma vie à la société d'ici et à tout ce qui l'entoure. Par la vocation sociologique, ma vocation première, j'ai appris que Dieu s'est servi de cet appel pour me permettre d'aller plus loin, plus profondément en moi, mais il voulait surtout que je ne fasse pas de mon sacerdoce une vocation personnelle, individuelle, pour mon petit moi seulement. Ma vie de prêtre devient de plus en plus affirmée en ce sens qu'elle est un don total de soi aux autres.

Les autres! Les autres! Ils sont pour moi la plus grande preuve que Dieu s'est imposé à moi, qu'il m'a appelé pour donner d'abord, donner avant de recevoir, aimer avant d'être aimé!

Ma vie, «ce n'est pas ma vie», ce sont les autres. J'aime les gens à divers degrés et d'une intensité différente selon qu'il s'agit de telle ou telle personne, dans telle ou telle situation. L'amour que je me souhaite — même quand je ne réussis pas — est celui qui donne avant de recevoir, qui recommence plutôt qu'il ne se cabre. Plus simple à écrire qu'à vivre, Sophie! J'apprends chaque jour. C'est si facile d'oublier, comme de boire en oubliant la source.

Les autres! Les autres plus que moi. Les autres avant moi! D'ailleurs, c'est en rencontrant et en aimant les autres que j'ai peu à peu identifié le Christ dans leur vie et dans ma vie, c'est ainsi que j'ai davantage pris conscience que le Bon Dieu de mon enfance, c'est l'AUTRE par excellence, l'Incomparable.

Depuis, grâce du ciel que je n'ai pas méritée, je cherche par tous les moyens mis à ma disposition à connaître Dieu, à lui parler, mais surtout à l'interroger. Doucement si possible. Inutile de m'énerver: lui seul est vraiment! Les autres, tous les autres, moi inclus, n'existent que par participation, par privilège. Mais lui, il est Celui qui est! Il est depuis toujours et à jamais. Quel mantra plus éloquent que celui-ci: ton Dieu EST!

Dieu, que mon père appelait le Père éternel et ma mère, le Bon Dieu, ne m'a jamais déçu! Dieu m'a donné le Christ qui, lui, m'apprend à son tour la manière de mieux aimer l'autre.

Sophie: Si j'ai bien compris, les autres vous ont conduit à mieux percevoir l'existence de Dieu, Dieu qui est; tout comme le Christ vous aurait conduit à reconnaître les autres jusqu'à vouloir, au hasard des rencontres plutôt que par choix prémédités, leur donner le meilleur de vous-même.

Mais comme je me sens loin de vous tout à coup! Pourtant, j'aime la vie, j'aime les gens. Le fait de me dire que «Dieu est» ne change rien dans ma vie de femme, ni dans ma manière d'être «spirituelle».

Benoît: Mais moi, et je n'y peux rien, simplement de prononcer le mot DIEU me donne sécurité, joie et confiance.

Sophie: Ça fait du bien de vous entendre. Quand je dis aux gens que j'écris un livre avec un prêtre, il y a un net recul dans leur intérêt. Pourquoi? Parce que certains prêtres n'ont pas établi une distance, mais un gouffre entre les gens et eux! Un éloigné de l'Église m'a déjà dit que l'Église ne sait pas relever les merveilleux défis et soutenir les gens contre les bavures que certaines sectes ou idéologies leur ont infligées. Il y aurait là de quoi évangéliser. Mais c'est merveilleux de voir que vous brûlez encore de passion pour cette Église.

Benoît: Le prêtre apporte une Parole, pas la sienne. Il porte à bout de bras un cadeau à l'humanité, un idéal d'amour et de justice. Être prêtre fait de moi un personnage pittoresque. Nous sommes une petite poignée d'hommes célibataires. Être prêtre libre après avoir été barricadé dans un séminaire et une Église qui n'en finissait plus de dire non et d'aligner les péchés, c'est tout un pas à franchir, un défi à relever.

Devenir missionnaire dans un monde en mutation, vivre avec ce monde à sauver et à aimer malgré le matérialisme qui le ronge, est une aventure à la fois humaine et sacrée.

Eh oui! le prêtre aussi est humain. Et pourtant, il s'est volontairement engagé publiquement pour toujours — parole d'honneur — à donner sa vie, toute sa vie aux autres. Et ce, sans épouse, ni enfants.

Sophie: Une question m'a toujours tenaillée. Vivre en communauté fait partie de votre vie, vous ne pouviez passer à côté. Dites-moi, aimez-vous tout ce monde que vous côtoyez, avec qui vous partagez vos repas, votre vie? Qu'avez-vous de nouveau à vous apprendre les uns les autres? Bref, aimez-vous vos confrères inconditionnellement?

Benoît: Je suis sensible aux affinités naturelles!

Sophie: Donc, vous ne niez pas que ce n'est pas facile avec tous?

Benoît: C'est comme une vie de couple, tout ne roule pas toujours sur des roulettes.

Sophie: Malgré vos théories et même auprès de vos amis fidèles, vous sentez-vous à part? Bon sang, vous êtes prêtre! Vous n'avez pas la même vie que nous! Vos propos en témoignent! Le Christ par-ci, le Christ par-là... Mais le soir, seul dans votre chambre, pensez-vous que vous êtes différent?

Benoît: Oui, oui... Quelquefois, je me sens un Amérindien clérical. Capable de s'adapter, mais avec une épée de Damoclès au-dessus de la tête. Oui, je suis prêtre. Et ma vie n'a pas les mêmes dimensions que celle de la plupart des autres humains.

Sophie: Ma foi, vous êtes un saint.

Benoît: Je suis un diable avec une couronne, incapable de me fâcher, sauf au jeu.

Sophie: Alors Benoît, nous avons un autre point en commun. Ne jouons jamais aux cartes tous les deux, car nous en perdrons toutes nos vertus théologales!

Eh oui! lecteurs, au jeu, nous sommes mauvais perdants! Et nous insistons: au jeu seulement!

Benoît: Je n'aimerais pas vous voir perdre...!

Sophie: Vous savez, Benoît, mon époque me fait un peu peur, même si je conserve beaucoup d'espoirs. Trop de choses s'effritent. On agit sans se soucier des effets dévastateurs de ses gestes. Ma génération est celle du porter-jeter. C'est désolant.

Je parle quelquefois à des femmes qui, après 20 ou même 35 ans de mariage, divorcent. La démission sociale et le non-engagement des gens de ma génération ne sont pas rares. Ceux de la précédente sont plus surprenants parce que les gens qui en font partie ont grandi avec une morale serrée. Maintenant, on s'étonne devant les couples qui durent et on considère qu'ils sont privilégiés! Aujourd'hui, quand des gens s'engagent, c'est souvent pour une courte période. Si notre partenaire nuit à notre épanouissement, on lui dira «au revoir et merci». Nous sommes terriblement égoïstes!

Benoît: Ce que vous dites est tellement vrai! Pour avoir écouté plusieurs femmes, je sais que la peur des hommes est assez évidente et qu'on préfère en dire moins que trop!

Sophie: Et le mariage, lui? Toujours à la vie, à la mort? Comment le voyez-vous?

Benoît: J'avoue que l'être humain est fragile. Même s'il est généreux et bien intentionné, il a besoin d'être périodiquement, sinon toujours stimulé, rassuré et provoqué. L'engagement sacré devant témoins est peut-être un stimulus nécessaire. Or, cette forme d'engagement, cette parole donnée ou à donner, fait de plus en plus peur aux plus jeunes. Il me semble que le vrai engagement ne peut être que définitif, permanent et jusqu'à la mort. Sinon, cet engagement reste partiel et calculé par crainte de l'avenir et quoi encore! Si je m'étais marié, il me semble que je n'aurais jamais pu donner à l'autre une promesse temporaire.

Et si l'autre m'avait seulement promis d'être là, avec moi, pour le seul temps de l'entente parfaite, je n'aurais pas cru en son amour.

L'exemple est dans la Bible. Dieu s'engage à jamais: «Je t'ai aimé d'un amour éternel.» Et, depuis ce temps, il ne cesse de nous aimer dans la vérité sans cesse renouvelée.

S'engager, c'est donner sa parole! Et sa parole mérite qu'on la donne pour toujours, sinon elle n'est que rumeur de mots entendus.

Vous, Sophie, qui êtes divorcée, vous devez me trouver bien naïf, mais je ne voudrais surtout pas que vous pensiez que je vous aime moins parce que vous êtes divorcée.

Même si l'Église catholique accorde une suprême importance à la fidélité du couple, il n'en demeure pas moins
vrai que vous qui êtes divorcée, vous demeurez encore et
toujours chrétienne. La loi de l'Église touche d'abord
l'extérieur de votre vie; le plus vrai, pour parler objectivement, appartient à votre conscience et à votre vie privée.
D'ailleurs, les divorces sont souvent le résultat d'engagement vicié à la base. S'engager avec un conjoint idéalisé
dont on n'a jamais pu découvrir les limites d'être et de vie,
est-ce vraiment s'engager? La cérémonie à l'église n'est
pas le premier critère du mariage chrétien; elle n'en est
que l'aspect public et extérieur.

Sophie: Alors, à votre avis, qu'est-ce qui caractérise le mariage
chrétien?

Benoît: Ce qui fait vraiment le mariage chrétien est moins la cérémonie devant témoins que la promesse de l'un des deux
époux d'être comme le Christ, et celle de l'autre d'être
comme l'Église. Les deux promettent de vivre ensemble à
jamais unis par consentement d'amour et don de soi à
l'humanité pour des enfants promis à la vie. Or, quels sont
les couples qui ont connu et obéi à ces consignes? Bien
des mariages, dits catholiques, le sont-ils vraiment?

Sophie: Vous me forcez à repenser le mariage.

Benoît: Vous, Sophie, vous devez être réticente à l'idée de faire
une nouvelle promesse publique devant témoins. Je vous
comprends. Qui connaît l'avenir? La vie est-elle si sûre que
l'on puisse tout risquer aujourd'hui?

Or, s'il arrive un échec, une faiblesse, surgissent avocats,
psychothérapeutes et autres techniciens de l'amour
moderne pour résoudre un problème individuel qui
devient vite un problème de couple, de parents, de grands-
parents et... jusqu'au cri primal d'Adam et d'Ève!

La société ne tolère plus l'engagement à long terme: elle
cherche des excuses, trouve des coupables, ignore ou
presque la patience, la miséricorde. Ainsi, il devient de
plus en plus difficile de proposer un idéal, une règle, un
modèle.

Malgré tous les échecs, la communauté chrétienne prend ses distances en ce qui concerne une certaine opinion publique qui cherche à niveler et elle continue à souhaiter qu'il y ait des hommes et des femmes qui s'engagent ensemble pour toute la vie. C'est le mariage chrétien à part entière, c'est-à-dire catholique. Dans la vie consacrée, les Dominicains demandent à leurs candidats s'ils veulent persister, s'ils sont prêts à prononcer les vœux de pauvreté, de chasteté et d'obéissance pour toujours, jusqu'à la mort.

Sophie: Que pensez-vous de cette conception?

Benoît: Il s'agit en ces cas, pour le mariage comme pour la vie consacrée dans le célibat, d'engagements sacrés, parce qu'ils reposent sur une certaine conception de la durée qui fait appel au «Créateur tout-puissant du monde visible et invisible».

Cette force d'engagement suppose une grande confiance en la vie, en l'amour et au temps qui, selon le sage juif Philon d'Alexandrie, est le médecin de l'âme.

Je ne crois pas que l'on puisse s'engager à jamais sans une force intérieure supérieure. Cette force peut s'appeler la grâce ou simplement la science d'aimer. Il reste que, dans les circonstances actuelles, nous frôlons l'inédit, l'héroïsme, la merveilleuse durée qui fait les individus grands, tout autant que les peuples.

Personnellement, sans être parfait, — car il y a bien des misères dans ma manière d'être obéissant, chaste et pauvre —, je concède que, sans l'aide de ma communauté et de mon Église, et cela inclut mes proches et mes amis, je n'aurais pu durer dans le même engagement jusqu'à maintenant. Tous les jours, je demande pardon pour mes fredaines; tous les jours, je remercie le Seigneur pour sa miséricorde; tous les jours, je fais confiance à l'avenir et à l'amitié des êtres et des choses. Dois-je vous en dire davantage?

En somme, sont sacrés les engagements durables des personnes qui acceptent de les vivre dans la candeur des idéaux et la confiance que «tout est grâce». Dans un engagement sacré, nos échecs deviennent des étapes, nos «péchés», des lieux de pardon et de miséricorde, et la durée, la récompense d'être là où l'on voulait être au moment de l'engagement.

Sophie: C'est beau et j'aimerais vous croire. J'aime y rêver, quelquefois. Vous avez été assez fort grâce à l'appui de votre communauté pour persévérer dans votre engagement. Mais nous, les nouveaux couples, de quoi sommes-nous forts?

Autour de nous, on proclame qu'un mariage sur deux échoue. Et je suis estomaquée de savoir que des hommes qui ont eu des enfants peuvent passer des mois et des années sans les voir, sans que cela ne les dérange.

Voilà l'engagement aujourd'hui. S'engager demande donc une bonne dose de courage, de foi et de volonté.

Je vous remercie de toutes ces paroles. Vous pouvez être certain que je vais y réfléchir.

Benoît: J'y compte bien.

Sophie: Il n'y a rien comme la bonne vieille expérience, n'est-ce pas, Benoît?

CHAPITRE 5

Une nouvelle spiritualité

Depuis que les hommes ne croient
plus en rien, ils croient à tout.

GILBERT KEITH CHESTERTON

Sophie: On doit s'entendre tout de suite sur quelque chose, Benoît. Vous me perdrez si vous commencez à miser uniquement sur la spiritualité chrétienne et que vous ne voyez que celle-là.

D'ailleurs, ce mot m'énerve un peu. Il me semble voir un groupe de personnes en train de méditer ou de léviter quand j'entends le mot spiritualité. Par contre, ce que les gens vivent comme recherche et questionnement est tellement plus intéressant que cela.

Pour vous, Dieu semble une réponse. Pour moi, comme pour bien d'autres, il est d'abord une question d'une profondeur abyssale. Emprunter l'avenue chrétienne me semble un peu aléatoire pour tenter d'apporter une réponse à toutes les questions que les gens se posent.

Benoît: Le match n'est pas commencé et déjà il y a une mise en échec!

Sophie: Attendez que je devine les lieux où votre spiritualité s'épanche. L'Église, le Christ, sainte Thérèse de Lisieux. Les autres. Votre spiritualité? Évidemment, vous êtes prêtre. Vous êtes la spiritualité incarnée! Vos dévotions, vos gestes pieux, vos chapelets en série...

Benoît: Pardon, Sophie, mais ma spiritualité ne ressemble pas à tout cela. Et peut-être y a-t-il des prêtres qui vivent leur vocation comme un travail! Mais le fait d'être prêtre n'est pas un gage de spiritualité!

J'aurais honte d'être spirituel au sens où vous l'entendez: d'être un homme de sacristie et de presbytère; d'être un prêtre toujours en prière et en cérémonie, aux mains jointes et aux genoux usés à force d'implorer la divinité. Non, ce n'est pas mon genre.

Mes premières raisons d'être et de vivre sont et demeurent humaines, quotidiennes, pas du tout héroïques. Parce que je sais qu'il n'est pas de spiritualité valable sans humanité. Même le Christ a pris un corps et il a vécu au milieu de nous.

Sophie: Croyez-vous que ceux qui choisissent de ne pas croire, de ne pas aimer, choisissent de ne pas avoir de crise dans leur vie?

Benoît: Tout à fait. C'est une forme de paresse. Je fais une différence entre valeur et spiritualité. Les valeurs spirituelles — j'exclus donc l'argent, la recherche du pouvoir, les plaisirs faciles, la sexualité «sans foi ni loi» ainsi que la drogue qui enchante pour un temps court — sont un peu ce qu'est la lumière. Les sociétés ne peuvent pas se passer de valeurs pour grandir et avancer, pas plus qu'une route, si belle soit-elle aux abords, ne peut se passer d'abord de tracé.

Parmi les valeurs spirituelles les plus recherchées dans toute l'humanité, il y a la vie, le bonheur, l'amitié, la justice et la famille. Pour en venir tout de suite aux valeurs des jeunes — ceux-ci m'intéressent au plus haut point —, je note l'estime de soi, le goût du devenir, l'audace, l'aventure sentimentale et le partage de la misère des autres. Comparons! Des gens plus âgés se soucient de leur santé; les jeunes sont prêts à la risquer jusqu'à l'insolence. Les adultes pensent au travail, au succès, à la politique, à la guerre toujours possible, ils vivent davantage leur spiritualité dans le doute et la méfiance, ils en ont tellement vu — moi j'ai vu deux guerres, deux grandes guerres, deux folies inutiles, sans compter les guerres d'aujourd'hui. Les jeunes, eux, aiment le risque, le tout pour le tout.

Sophie: J'aime ces jeunes à qui j'enseigne. Ils sont à la fois éclatants et mordants. Je leur dis souvent de tenir à leurs rêves, à leurs idéaux. C'est la seule chose qui nous appartienne sur cette terre.

Si la vie nous empêche, pour plusieurs raisons, d'accéder à nos rêves, on peut toujours le faire dans notre tête, avec nos jambes, avec nos doigts, par la danse, la musique, nos idées ou nos poèmes.

Ne jamais renoncer et croire, comme l'a écrit Paulo Coelho dans son livre *L'alchimiste*, que dès qu'un rêve apparaît dans notre tête, il est déjà dans l'âme de l'univers. Voici ce que je dis à mes élèves et ce à quoi je crois. Mais il y a sûrement des choses qui vous déçoivent, Benoît, quand vous regardez ce qui vous entoure!

Benoît: Ce qui me déçoit quelquefois chez les gens, c'est leur course folle vers le confort, la recherche du bonheur à la carte. Une «p'tite vie» au jour le jour, sans le sens de demain ou de l'engagement. Les gens vivent des vies remplies — tout le monde est essoufflé —, mais une vie réduite dans ses dimensions, à cause souvent du matérialisme omniprésent. Je suis convaincu cependant qu'il y a un vent de spiritualité qui continue de souffler.

Sophie: Malgré ma jeunesse, je suis tout à fait d'accord avec vous. Il y a urgence de dépasser le matérialisme. Je lisais, un jour, dans une revue dite féminine, un article exposant pourquoi certains couples ne voulaient pas d'enfants. Écoutez bien: une femme disait «pour ne pas avoir le corps déformé et pour pouvoir voyager»; bref, ses raisons n'étaient pas humanitaires, mais carrément égoïstes. C'était à brailler! D'ailleurs, ces gens ont tellement le tour de dire que c'est nous, ceux qui ont des enfants, qui sommes égoïstes. C'est la nouvelle hérésie. Ceux qui ne croient pas au matérialisme sont à chasser.

Benoît: Le christianisme tend depuis toujours à valoriser l'amour, la foi, l'espérance, la justice, le partage et le pardon.

Quelquefois, de passage chez les frères cisterciens, j'entends parler de leurs valeurs préférées: la solitude, le silence, l'humilité, la simplicité et la pauvreté. À Saint-Benoît-du-Lac, j'entends parler de contemplation, d'hospitalité, de vie communautaire, de liturgie, de travail, de partage. Et quand un chrétien va en Afrique, les valeurs s'appellent le goût de la vie, le soutien aux parents, la solidarité familiale, le respect des anciens, le sens de l'hospitalité, le besoin de la fête et du rythme et l'attachement à la parole.

Sophie: Connaître et adhérer à une religion m'a fait comprendre l'importance de l'amour et de la compassion. Peut-être l'aurais-je comprise de toute façon? Je ne le sais pas. Mais suivre les règles et les préceptes de l'Église à la lettre? Jamais. Une Église triomphante, je n'aime pas. Une Église-guide, chercheuse de significations pour notre temps, me plaît beaucoup plus.

Benoît: Est-ce le fruit de mon éducation chrétienne, est-ce à la suite des prières de ma mère et de la largeur de vues de mon père, est-ce le fait d'une formation davantage historique et d'une culture acquise par de nombreux voyages si je suis toujours à la recherche des valeurs spirituelles et culturelles? Toute réduction de la pensée m'énerve. Je veux voir et regarder dans la direction de tous les points cardinaux. Je n'aime pas les frontières politiques et religieuses qui nous menacent sans cesse. De toute manière, il me semble que, dans la recherche des valeurs fondamentales qui font la vie des individus et des peuples, nous sommes probablement tous les deux sur la même longueur d'ondes. Ce sont des valeurs primordiales que de croire, d'espérer et d'aimer. Toujours dans le sens du plus vrai, du plus beau, du meilleur. Puis, il y a tout le registre des valeurs annexées à cette recherche.

Dans un monde qui change, rien ne remplace l'expérience et la réalité vécue pour diriger les forces vives de la vie qui s'invente.

Vous qui enseignez aux jeunes, vous pourriez me dire vos idées?

Sophie: Il faut aux jeunes des modèles et des preuves qu'il y a de l'espoir dans la société. Même les adultes ont abdiqué bien souvent. Comment leur proposer alors une spiritualité? Il faut en vivre une d'abord. Une qui a du sens. Que viviez-vous intérieurement qui vous a attiré vers la prêtrise?

Benoît: Au départ, je dois dire que j'y ai été attiré un peu sans trop me rendre compte de ce que signifiait cette vocation dite sacrée. Pourquoi? Dieu seul le sait. Je suis prêtre au nom de la même miséricorde de Dieu qui, un jour, m'a conduit chez les Dominicains ou Frères Prêcheurs.

Cela dit, ma spiritualité s'énonce sur différents plans. Au premier plan, elle est semblable à celle des jeunes de votre génération; une sorte d'émerveillement interminable devant l'univers. Cet univers qui «chante la gloire de Dieu», dit un psaume.

Un autre plan de ma spiritualité — j'ai l'impression d'être prétentieux!— est ma fixation au Christ comme amoureux de l'humanité réelle, hommes, femmes, enfants. Il les aime tous. Et tendrement. Son exemple m'attire, me fascine, me bouscule parfois car je ne suis pas le Christ. Il m'arrive probablement, sinon certainement, de ne pas aimer autant qu'il aimerait et de la manière dont il aimerait tel homme, telle femme, tel enfant. Je me sens, de ce point de vue, plutôt vulnérable. Je suis certain que vous comprenez.

Sophie: Les femmes comprennent tout cela. J'ai entendu une femme qui disait à quel point les gospels lui plaisaient. Elle racontait qu'elle aimait répéter cette phrase, comme un mantra: «Dieu m'aime, je suis enfant de Dieu...», et que malgré sa grande simplicité, cette phrase la bouleversait chaque fois.

Vous savez à quoi ressemble la spiritualité des gens d'aujourd'hui, Benoît? Elle a le visage de l'amour, lorsqu'on a dépassé le matérialisme. Pas de la foi, de la religion du Temple. De l'Amour. Si chacun se sentait aimé comme il croit, tout son être et ses composantes en seraient vivifiés. L'écrivain Marie Laberge n'a-t-elle pas déjà dit dans une entrevue à la radio «qu'une relation d'amour, même mince, même ténue, si petite soit-elle est nécessaire pour nous aider à survivre à l'abandon»?

Je le crois. Aussi, les manques d'amour sont à l'origine du sentiment de vide de plusieurs ainsi que des dépressions. C'est le fond, c'est l'abîme lorsque l'on constate ces manques. On en sort fort ou alors, on arrête tout. C'est pour cela qu'il y a tant de suicides: le désir d'amour des gens est profond. La spiritualité d'aujourd'hui se trouve dans cette recherche de l'amour. Souvent mal articulée, mais présente.

Et je vais plus loin. Cette pulsion même de l'amour, le ton de l'amour est donné par les femmes. Qui sont le plus souvent les soutiens des nouvelles familles? Des femmes. Qui convainc son conjoint d'avoir un enfant? Les femmes encore, qui donnent le ton à la survie de la race humaine. On voit rarement et si on le voit, tout le monde est surpris, des femmes abandonnant leur famille pour vivre leur vie. À l'inverse, beaucoup d'hommes le font. L'amour n'a pas la même connotation pour les hommes et pour les femmes!

Benoît: Notre société s'est piégée elle-même par la peur et la déception. Cette peur est le résultat direct d'une fuite de Dieu perçu comme son rival.

Sophie: C'est votre vision de prêtre. Dieu n'est pas non plus la réponse à toutes les questions!

Le matérialisme est le problème majeur de la société. On choisit de ne pas avoir d'enfant parce qu'on n'a pas l'infrastructure pour l'accueillir! Maison, piscine, vidéo, argent, on est loin de la philosophie de nos ancêtres qui disaient que chaque enfant arrive avec sa propre subsistance! On a peur. Si on n'a pas le confort matériel souhaité, la décision d'avoir un enfant sera reportée à plus tard. Mais est-ce vraiment ce qui importe le plus? Je me le demande. La société individualiste est désolante. Pourtant, il y a encore des gestes qui redonnent espoir.

Vous souvenez-vous de cette marche de 200 kilomètres, Benoît, en mai 1995? «Du pain et des roses», scandaient les marcheuses. Que des femmes, de tous les âges, pour signifier au gouvernement du Québec que c'était assez, qu'elles voulaient plus d'équité pour les femmes. C'était une belle solidarité, trop rare maintenant.

Benoît: Ma spiritualité demeurera toujours les autres...

Sophie: Malgré toutes les incohérences et les méchancetés que les autres nous imposent?

Benoît: Tout à fait. «Les hommes sont meilleurs que leurs actes.» C'est Martin Luther King qui a dit cette phrase que j'aime répéter.

Une spiritualité qui ne serait que préceptes auxquels obéir et péchés à éviter nuirait gravement à la spiritualité authentique, qui demande non seulement d'agir en accomplissant coûte que coûte la volonté de Dieu, mais surtout d'agir au nom de l'intelligence que Dieu nous a donnée. Non plus une spiritualité de Vendredi saint, mais une spiritualité pascale!

J'ai rencontré le Christ. Lui, et Lui le premier, m'a permis, Bible aidant, d'entrevoir, le mot déjà trop humain, «Celui qui est». La seule et première sensation que les choses *sont* m'émeut. Un jour, aux études, je jetais un coup d'œil par la fenêtre et, sans préméditation, j'ai regardé fixement un petit sapin de la cour intérieure du couvent des Dominicains. Il m'a parlé: «J'existe. Je suis. Je ne sais pas pourquoi. Ni comment. J'existe.»

Sophie: J'observe quelquefois mes élèves qui travaillent, tête penchée sur leurs cahiers; je laisse vagabonder mes pensées en me disant: «Sont-ils heureux? À quoi ressemble leur vie?» Ils sont le fruit d'une rencontre. Un jour, des hommes et des femmes se sont aimés et ont engendré ces êtres qui sont devant moi. Je ne connais qu'une infime partie d'eux parce que le hasard a fait qu'un ordinateur a mis à leur horaire l'enseignante Sophie Giroux.

Et nous sommes là, dans la même classe. Je viens de leur demander de faire un travail, ils le font. Tout à l'heure, je partirai vers ma maison et eux, vers la leur. L'espace de quelques heures et d'une année scolaire, nos vies auront respiré le même air, regardé les mêmes choses.

Ces élèves reviendront peut-être me voir? Peut-être vais-je enseigner à leurs enfants, qui sait? La vie va si vite.

Et parfois, Benoît, derrière mon pupitre d'enseignante, alors qu'eux ne connaissent pas mes pensées, je souhaite à ces «enfants de ma vie» d'être heureux.

Ma spiritualité, c'est un peu cela.

Et quelquefois, quand ma fille dort, je la regarde en me faisant les mêmes réflexions et en lui souhaitant le plus de bonheur possible.

Benoît: C'est une forme de spiritualité de constater ce qui existe autour de nous. Dieu est Amour. Ces mots sont toute ma vie. Comme je ne suis pas un saint, je puis le dire sans orgueil! Le Christ n'est venu qu'expliquer le même message à qui Il a donné sa vie.

Donner sa vie à l'amour, «faire aimer l'amour», dirait ma petite amie Thérèse de Lisieux. Telle est mon ultime raison d'être.

Sophie: Dites-moi, Benoît, vous est-il arrivé de parler à des êtres exceptionnels, que vous appelleriez parfois des saints ou des saintes?

Benoît: Ma mère était une sainte. Ma sœur Jeanne aussi. Ma sœur Cécile n'est qu'altruiste. Des personnes humbles, quotidiennes et secrètes quant à leur spiritualité. D'autres femmes aussi que j'ai vues, à qui j'ai parlé, inconnues du grand public, des gens aux dévouements inlassables et aux fidélités de longue durée! Si le monde savait! Faut-il qu'il sache? Une parole d'Évangile me revient à la mémoire: «Les derniers seront les premiers».

Les sociétés ne subsistent que grâce à ces inconnus de la sainteté intérieure et pas seulement catholique. Plutôt de toute race, de toute couleur et de toute religion.

Bien sûr, j'ai rencontré une fois Mère Teresa dans les années 50, j'ai souvent causé avec Jean Vanier. J'ai parlé beaucoup à l'Abbé Pierre et à Jeanne Sauvé qui était une femme formidable.

Le cardinal Paul-Émile Léger m'a écrit un jour que j'étais un de ses meilleurs interprètes!

Ici encore, j'ai rencontré des hommes du terrible quotidien politique et économique, d'une grande valeur spirituelle.

Sophie: Vous me parlez de grands personnages que je n'ai malheureusement pas eu la chance de rencontrer.

Pour ma part, les saintes et saints d'aujourd'hui sont ces gens qui, par leur travail quotidien, qu'il soit simple ou compliqué, continuent de croire au bien-fondé de leur ouvrage, quel qu'il soit, et qui aiment apprendre, qui sont curieux de connaître et d'écouter l'Autre. Ceux qui font ce à quoi ils sont appelés. Pour moi, ce sont des saints. Tout simplement. Nul besoin d'attendre une canonisation venue de Rome.

CHAPITRE 6

Des mots qu'on aime
et des bonheurs

*Entre le destin et la liberté, je cherche seulement une
sorte, une manière de pureté [...] je bois les saisons et je
mange l'existence et je suis une caresse; comme une liberté,
je suis seulement fragile.*

MICHEL GARNEAU

Sophie: Allons en voyage, au pays de nos mots préférés. Les
vôtres, les miens.

Quels sont, Benoît, vos mots préférés?

Sachant que vous êtes un peu bavard, je vous demande de
vous limiter à dix.

Benoît: Obéissance oblige...

Sophie: C'est d'ailleurs un vœu que vous avez fait!

Benoît: ... mais je ne l'ai pas prononcé devant vous! Donc, les dix
mots qui me viennent à l'esprit et que je cite sans ordre:
don, accueil, amour, espérance, bonheur, confiance, silence,
intelligence, mémoire, imagination.

Si demain vous m'en demandez une autre dizaine...

Sophie: Toujours aussi astucieux, mais allez-y quand même!

Benoît: Esprit, conscience, loyauté, fidélité, générosité, parole,
espace, cosmos, éternité, lumière. À votre tour.

Sophie: Compassion, amour, lecture, voyage, enfant, amitié, santé, solitude, silence, art...

Benoît: Expliquez-moi.

Sophie: La compassion, sans elle, rien n'est possible. C'est l'ouverture aux autres, c'est l'ouverture du cœur. La terre se porterait mieux s'il y en avait plus.

L'amour, je reprends ici simplement les mots de saint Paul. «Si je n'ai pas l'amour, je ne suis rien. L'amour prend patience, ne jalouse pas. L'amour aime la vérité. Il excuse tout, croit tout, espère tout.»

La lecture, qui permet de nous évader de la réalité quand celle-ci est trop triste et qui aiguise notre imagination.

Le voyage, car c'est tout l'inconnu qui nous appelle au loin; l'enfant, car il nous ramène à l'essentiel, il est la vie. Après mon divorce, quand j'étais désespérée, le seul fait de préparer les repas pour ma fille me sauvait de la folie.

L'amitié, qui fait moins mal que l'amour. La santé, sans laquelle on ne peut rien faire. La solitude, qui est le berceau de nos rêves. Le silence, de temps en temps pour nous revivifier et l'art, qu'on oublie souvent au profit d'un monde technologique.

Benoît: Votre choix m'enthousiasme. Réaliste, généreux.

Sophie: Seriez-vous plus à l'aise avec des verbes qu'avec des noms?

Benoît: Oui! Mes dix verbes préférés: aimer, espérer, croire, penser, imaginer, se souvenir, accueillir, partager, désirer, recevoir.

À votre tour, vos noms propres préférés?

Sophie: Je vous nomme tout de suite: Benoît.

Benoît: Bon, bon, bon!

Sophie: Nommez encore des mots qui vous rejoignent, qui vous chavirent le cœur.

Benoît: Du point de vue humain, je vous dirais tout de suite, Amour, Jésus historique ou Jésus de Nazareth, le nom d'un ami, d'une amie, la parole, l'esprit, la conscience, le silence, le cosmos, l'univers, l'âge, la lumière, Saint-Michel-de-Bellechasse, ensuite Marie, saint Dominique, Thérèse de Lisieux, l'Église visible et invisible.

Mais quand je dis «Dieu», il n'y a pas de mots pour tout dire. Le dire, c'est le contenir et donc le limiter. Le mot «Dieu» pourrait être entendu à la manière d'un cri, d'un écho qui répète au loin, d'une évocation ouverte, d'une intuition.

Sophie: Dire un mot, surtout Dieu, c'est déjà limiter notre visée. Comme lorsque des gens disent «je t'aime» à cœur de jour. Les mots en perdent leur signification.

Benoît: Dieu est. Avec des mots, je dis tout mais rien d'autre que des mots. L'important est justement le non-dit. Moi, je passerais la journée à dire Dieu et à le redire tellement ce mot en soi, et historiquement vrai, n'est valable que si je l'oublie pour intuitionner Celui qui est au-delà, premier et dernier, Alpha et Oméga!

Sophie: Le pouvoir des mots. On pourrait se pencher longuement là-dessus. Mots de tendresse, mots qui blessent, mots qu'on voudrait entendre ou phrases que l'on se plaît à recopier partout dans des cahiers parce qu'on ne veut pas leur voir perdre la magie qui nous les a fait aimer.

J'ai, dans des cahiers, des phrases recopiées d'autres auteurs ou que j'ai entendues dans des films ou des pièces de théâtre.

Vous voulez que je vous livre quelques secrets de mes cahiers, Benoît?

Benoît: Je vous écoute, jeune femme!

Sophie: Par exemple, dans le film *Cinéma Paradiso*, Alfredo dit à Salvatore, jeune adulte: «Quel que soit le métier que tu choisiras, Salvatore, aime-le comme tu as aimé la cabine du Cinéma Paradiso.» Car Salvatore avait presque grandi dans cette cabine où les films étaient projetés et il était littéralement fasciné par cela. Alfredo lui dit aussi, à la blague: «Dieu a fait le monde en sept jours; si je l'avais fait, j'aurais pris plus de temps et j'aurais mieux fait certaines choses!»

Ou encore, une citation de Christian Bobin, qui nous parle de deux aspects si fondamentaux: l'amour et la solitude.

«Plus on va dans la solitude, plus on a besoin de solitude. Plus on est dans l'amour et plus on manque d'amour. De la solitude, nous n'en aurons jamais assez et il en va de même pour l'amour, ce versant escarpé de la solitude.»

Ou ce beau texte de Jacques Brel:

Le seul fait de rêver est déjà très
important. Je vous souhaite des rêves
à n'en plus finir et l'envie furieuse
d'en réaliser quelques-uns.
Je vous souhaite d'aimer ce qu'il faut aimer
et d'oublier ce qu'il faut oublier.
Je vous souhaite des silences.
Je vous souhaite des chants d'oiseaux
au réveil, des rires d'enfants.
Je vous souhaite de résister à l'enlisement,
à l'indifférence, aux vertus négatives
de notre époque.
Je vous souhaite surtout d'être vous.

Benoît: Je remarque que vos mots ou vos phrases sont très profanes. N'y a-t-il pas des mots plus sacrés?

Sophie: Il est de plus en plus difficile de définir, de dire des mots sacrés. À cause de certains événements de ma vie qui m'ont littéralement déchiré le cœur, je n'ai plus de mots sacrés ou religieux. Autant des mots comme «se marier pour la vie», «être soutien l'un pour l'autre» «toujours, je t'aimerai jusqu'à la fin de mes jours» étaient des mots précieux, autant je ne suis plus capable de les entendre. J'en reste là. Certains événements ont enterré les mots sacrés officiels. Mais pour moi, les phrases profanes que je griffonne devienne sacrées.

Benoît: Je comprends que vous soyez heurtée, sinon décontenancée, par votre divorce et qu'ayant beaucoup misé sur ce mariage disloqué, vous ayez peine à croire à l'amour qui se brise en cours de route.

Justement, peut-être — je connais peu votre passé matrimonial — cet échec vous permettra-t-il de saisir aujourd'hui que le meilleur des personnes est en elles-mêmes, que ce qui socialement s'appelle le succès n'est peut-être qu'un faux vernis.

La réalité serait ce que vous vivez maintenant: un amour devenu inutile qui appelle de votre part l'amitié qui élargit le cœur... mais qui ne rapporte rien de tangible.

Si cet échec social devenait une étape dans votre vie personnelle, peut-être y verriez-vous une nouvelle manière d'aimer et d'être aimée.

Oh! je sais que je suis gauche. Je vous vois sourire!

Sophie: Les seuls mots que je suis capable d'apprécier, Benoît, sont ceux de ma fille qui sont plus précieux que les mots de la Bible. Le langage du cœur d'un enfant est le plus doux et certainement le plus sincère des langages.

Benoît: Donnez-m'en des exemples.

Sophie: Le jour où ma fille a dit sa première phrase complète est un jour mémorable. Cette phrase toute simple: «Je veux de l'eau, maman» restera toujours dans mon cœur. Phrase sacrée. Lorsqu'elle m'a dit cela, je me suis retournée vers elle, tout épouvantée comme si je venais d'entendre parler quelqu'un pour la première fois. C'était un peu cela!

Ma petite bonne femme commençait à s'exprimer. Elle n'était plus un être dépendant: elle devenait une personne à part entière qui, dorénavant, pourrait commencer à exprimer ses besoins, ses colères et ses tendresses avec des mots. Instants bénis.

Pendant que je vous parle, je pense à certaines phrases tout à fait surprenantes qu'Andréanne m'a dites. Un jour, alors qu'elle avait huit ans, elle m'a regardée en disant: «Je savais qu'en te choisissant, j'aurais une drôle de mère!» Récemment, elle m'a lancé: «Maman, je t'aime beaucoup plus que lorsque j'étais bébé, car j'apprends à te connaître!» Comment ne pas rester bouche bée! Lors de la tragédie d'avril 1995, à Oklahoma, tragédie qui avait chaviré le monde entier, comme nous regardions un reportage à la télé où l'on voyait les corps, les débris et la pluie qui tombait, ma fille m'a déclaré: «La pluie, c'est Dieu qui a de la peine!»

Avouez que tout cela vaut bien des homélies!

Benoît: Mon père n'admettait pas que quelqu'un qui donne sa parole la reprenne ou la trahisse. Donner sa parole, c'est sacré. Qui ne donne pas sa parole ne donne rien, à son avis. Qui manque à sa parole mériterait d'être pendu. Question de loyauté! De ce point de vue, il apparaissait comme un féodal qui a le sens du vœu, de l'honneur, de la promesse et de l'amitié.

Ma mère me paraissait plus discrète, elle parlait moins, je l'ai dit, elle aimait le silence.

Mais pour revenir à la parole, l'une m'apparaît plus sacrée que les autres, celle que nous ne comprenions pas: la parole latine. Sûrement plus sacrée que le sermon durant lequel mon père dormait allègrement.

Nous, les Québécois, les Canadiens français, sommes comblés. Ou plutôt, nous étions comblés parce que nous avons longtemps été un des peuples qui utilisaient le plus souvent dans ses conversations quotidiennes et courantes des mots sacrés. Car chez nous, la «sacrure» est même plus qu'un péché: c'est une manière de parler quand on ne sait pas tellement par où commencer ou comment finir ses phrases. Nos mots sacrés sont pour nous comme des défis de langage, des peurs, du langage à répétition quand on ne sait pas quoi dire. Tout comme les Français disent à tout propos: «Merde», «N'est-ce pas?», «Oh là! là!» ou

«Alors», les Canadiens français plus pittoresques transposent en répétant à qui veut les entendre ou ne pas les entendre, les mots qui renvoient à des choses saintes, à des objets intouchables, tels que «calice» et «ciboire». Défis. Protestations! Défoulement! Parfois moqueurs. Parfois vengeurs. Parfois, c'est la peur! À d'autres moments, simplement la surprise.

Lorsque j'entends des jeunes sacrer, j'ai pour mon dire qu'ils ne blasphèment pas, car ils ignorent tout de la religion catholique. Pour réussir un blasphème, il faut être instruit des rites, des personnes et des objets religieux.

Sophie: Nos mots nous ont menés loin; encore une page d'histoire québécoise! Dites-moi, Benoît, quels sont les moments où vous vous sentez heureux, à 80 ans, quels sont vos bonheurs?

D'abord, pensiez-vous vous rendre à cet âge?

Benoît: Non... et je vous avoue que c'est surprenant! On dit qu'être heureux, c'est être au septième ciel. Le bonheur est devenu un choix de vie entre l'argent et l'intériorité. Oui, en 1996, le bonheur est encore un choix entre l'argent, la drogue, le sport, les loisirs, la popularité, le sexe, les diplômes, les voyages... et la vie spiritualisée.

Pour certains mystiques, la méditation, le silence, la prière et la sagesse permettent la survie du bonheur.

Un proverbe chinois va jusqu'à proclamer: «Au fond, de la calamité ou de la tragédie, plongez la main et ressortez-en le bonheur.»

Sophie: Vous avez une approche très rationnelle du bonheur.

Benoît: À la question toute simple: «Qu'est-ce que le bonheur?», le jeune homme répond: «Le bonheur, c'est d'avoir tout ce que tu désires et tout de suite.» La mère réplique doucement: «Le bonheur, c'est quand tu as simplement ce qu'il te faut. Si tu en as trop, le bonheur s'en va au galop.»

Sophie: Choisit-on son bonheur... puisqu'on ne choisit pas la souffrance qui nous l'enlève? S'agit-il d'une chance? Faut-il des aptitudes physiologiques à être heureux ou malheureux? Le bonheur est-il essentiellement égoïste, à ce point que deux amoureux semblent se suffire à eux-mêmes?

Benoît: D'après mes amis les Grecs, le bonheur est aussi le résultat d'un choix personnel, un choix entre la contemplation, la richesse, le pouvoir, le savoir, les honneurs, la gloire, le bien-être, la volupté et l'activisme.

Sophie: Un choix de vie?

Benoît: Tout à fait! Un choix que seul l'amour peut combler, sinon orienter.

Sophie: Vous êtes plutôt discret sur vos bonheurs, mais vous n'y échapperez pas. Quels sont vos rêves, vous qui avez 80 ans? Rêvez-vous encore?

Benoît: Rêver... peut-on le faire en effet, quand les parents sont partis, que certains amis sont vieillissants et qu'ils s'en vont l'un après l'autre. Il en faudrait si peu pour partir à son tour! Je crois, comme ce penseur, que la «rêverie est le dimanche de la pensée».

Rêver, c'est souvent désirer le meilleur.

Peut-être d'avoir une vieillesse aimante, sereine, heureuse. De ne jamais perdre ma croyance démesurée en la miséricorde de Dieu.

J'ai aussi des rêves d'amitié. Je rêve de rencontres fraternelles, de concerts à partager, de lectures à commenter. Et quoi encore! Je rêve souvent à ceux qui sont morts, ma famille, mon père, ma mère, des confrères, des amis. Je désirerais mourir vite, sans déranger, sans causer de problèmes à personne. Mourir en outarde, en chantant, avec la sensation d'une autre vie à l'horizon.

Voir le Christ, en chair et en os, glorifié, vivant, le Christ de Pâques. Comme j'envie Marie-Madeleine qui l'aurait vu, sans le reconnaître au premier abord!

Téméraire comme je suis, j'espère, moi, le reconnaître au premier regard. Une vision béatifique!

Sophie: Peut-être que vous le reconnaîtrez tout de suite. Mais le Christ, en vous voyant, se frappera le front en se disant: «Pas déjà Benoît ici. Notre paix bienfaisante est terminée!»

Benoît: Mes rêves communautaires, de me réveiller avec un pays aimé, respecté.

Sophie: Non, vous êtes nationaliste?

Benoît: «J'ai deux amours, mon pays et Paris», comme l'a déjà chanté Lucienne Boyer. En fait, je suis plutôt patriote. La politique n'a rien de sacré de nos jours, sinon par le dévouement de certains de nos hommes publics, prêts à sacrifier leur nom et leur réputation pour aider la nation. J'ai déjà un pays, Bellechasse!

Sophie: Je sens une petite tension dans vos propos, mais je vous comprends. Dans mes préoccupations, la politique occupe aussi le dernier rang. Et pour le dévouement des hommes et des femmes politiques, on pourrait s'en reparler...

Benoît: Parmi mes autres rêves, j'aimerais appartenir à une communauté chrétienne de femmes, d'hommes et d'enfants de cultures diverses.

J'aimerais aussi que ma fraternité dominicaine sache toujours respecter sa composante monastique, tout en privilégiant d'abord l'éclairage évangélique sur tout ce qui s'appelle régularité, rites conventuels, silence, oraison, étude.

Sophie: Justement, est-ce que ça ne vous fait pas un peu de peine de vous rendre compte de la baisse des vocations, de constater que plusieurs ordres ou congrégations ferment des maisons, de voir que ces bâtisses, qui ont connu tant de belles heures religieuses, acquièrent désormais d'autres vocations: certaines accueillent des facultés universitaires, d'autres sont transformées en HLM, d'autres sont carrément démolies?

Il me semble qu'après ce que vous avez vu de l'Église catholique, tout cela doit vous chagriner. Pour avoir été témoin de tout le travail, de l'essor des communautés et maintenant de leur déclin, votre rêve doit être terni quelque peu.

Benoît: Je vais vous confier quelque chose concernant la disparition de certains édifices ou organismes. Ce qui m'a fait le plus mal, c'est la disparition du département d'études médiévales de l'Université de Montréal. Je l'avais bâti, au sens figuré, avec des gens aussi convaincus que moi de l'absolue nécessité de ce département qui est disparu à la suite de querelles de personnes adultes, tous professeurs, qui auraient eu avantage à se mobiliser, plutôt qu'à s'user dans l'affrontement. D'apprendre que ce département fermait fut pour moi comme une trahison envers des étudiants pris en otage, qui ne souhaitaient qu'étudier cet étonnant Moyen Âge.

Sophie: La rumeur dit que c'est la seule fois où l'on vous a vu vous fâcher sérieusement.

Benoît: Dans ce cas-ci, la rumeur n'est pas fausse.

Par contre, quand je vois que 60 000 volumes de la Bibliothèque de l'Institut d'études médiévales seront transférés à l'Université de Montréal, ça me réjouit: au moins, les collections essentielles seront sauvées. Quand on n'a aucun sens du passé, ça m'attriste, mais quand on agit dans la voie d'une certaine continuité, j'y trouve beaucoup d'espérance.

Sophie: Mes rêves communautaires seraient que ceux qui mettent des enfants au monde le fassent dans un esprit d'amour total, entier, avec tout ce que ça signifie. Qu'on en vienne à faire germer une génération d'enfants choyés non pas sur le plan matériel, mais choyés intérieurement, respectés. Et que ces enfants sachent que les efforts fournis sont toujours récompensés et que le travail est la plus belle des vertus. Créer une génération folle de la vie, la tête pleine d'espoir et de projets. Et surtout, devenir pour eux des adultes qui comptent. Il faut aussi regarder quel exemple on leur donne.

Personnellement, mes rêves sont de rendre ma fille de plus en plus heureuse, malgré le divorce qu'elle a dû subir et qui lui laisse encore des séquelles. Peut-être aussi qu'elle me donne des petits-enfants, qui sait? J'aimerais voyager et écrire encore. Par contre, j'ai peur. Pour ma fille, pour son avenir mais aussi pour son présent. Si je le pouvais, je réglerais le cas de tous ceux qui veulent du mal aux enfants, les vendeurs de drogue et les personnes qui leur font des avances sexuelles et qui traînent dans les zones scolaires ou les parcs. Ça me met en rogne et je perds toute vertu évangélique devant ces hommes et femmes amateurs de pornographie et de prostitution enfantine.

Je dis souvent que je veux mourir jeune — mais pas trop — pour ne pas me voir dépérir. Perdre la faculté de lire, de me souvenir, ne plus pouvoir vivre mes journées à fond de train comme maintenant, ça me fait peur. Pourtant, quand je vous vois, Benoît, ça m'encourage. Et vous, avez-vous des peurs?

Benoît: Mais bien sûr! Peur de souffrir. Davantage que de mourir. Peur de blesser, de faire mal à l'autre à cause de ma nature ironique. Peur de rester seul dans un coin d'hôpital. Voilà mes peurs humaines!

Mes peurs spirituelles seraient de ne pas assez aimer, de ne pas assez pardonner aux journalistes qui parlent de religion à tort et à travers, aux fabricants de fausses nouvelles — je suis mal parti pour pardonner!

Sophie: Ou pour vous faire pardonner!

Benoît: Peur de ne pas assez donner quand je reçois tellement. De ne pas assez espérer quand viendront les heures, sinon les années, de l'ultime épreuve qui m'enverra dans l'autre vie.

Sophie: N'avez-vous pas de défauts?

Benoît: Plein! Mais le pire, je le tiens de ma mère: je suis un «ennuyeux».

Sophie: Vos journées sont tellement remplies, ce défaut ne doit jamais être mis en évidence!

Benoît: Justement, il ne me faut pas trop de petits vides, sinon je n'irais vraiment pas bien.

Sophie: N'y a-t-il rien qui vous étonne, qui vous choque?

Benoît: Il y a des choses qui me font réfléchir, certes. Comme ancien confesseur, je trouve un peu drôle qu'un psychothérapeute se fasse payer pour écouter la douleur des autres.

Sophie: C'est notre société, tout se marchande. Finalement, aimez-vous cette époque, ce siècle que vous aurez presque tout traversé?

Benoît: Oui, j'aime ce XXe siècle, malgré ses extravagances, ses tragédies et ses barbaries. La Deuxième Guerre mondiale et, plus récemment, la tragédie du Rwanda et de l'ex-Yougoslavie. J'ai vu Gandhi et Martin Luther King à la télévision. Des grâces!

Sophie: Pendant ce temps, moi, je jouais avec ma poupée Barbie et je faisais de la peinture à numéros!

Benoît: Ça c'est vraiment drôle! Mes yeux ont aussi vu Chagall, Matisse, le bon pape Jean XXIII, l'inimitable de Gaulle, le mal connu Lionel Groulx, la famille du grand Saint-Denys Garneau, le cardinal Paul-Émile Léger, Jeanne Sauvé, l'infatigable et lutteur Jean-Paul II.

Sophie: Et vous avez vu l'être angoissé qu'était Romain Gary.

Benoît: ... ainsi que nos grands poètes, Anne Hébert, Rina Lasnier, Gaston Miron, Jacques Brault. Et l'un de nos meilleurs idéologues et ami, Fernand Dumont.

Sophie: Arrêtez, vous me rendez mélancolique. Qu'est-ce que j'aurai connu, moi!

Benoît: Moi!

Sophie: Bon, si c'est vous qui le dites...

Chapitre 7

Paroles d'amis...

*L'amitié, la plus belle invention en commun
des femmes et des hommes. L'amitié fidèle comme
le retour des saisons, la couleur retrouvée
du fond des rivières après le dégel.*

MIREILLE LANCTÔT

Sophie: Plusieurs d'entre vous, lectrices et lecteurs, vous interrogez sur la teneur de l'amitié entre Benoît Lacroix et moi. Avons-nous écrit ce livre comme de simples collaborateurs ou sommes-nous devenus amis? Poser la question, c'est y répondre implicitement. En effet, qui ne voudrait pas être un ami de Benoît Lacroix!

Quelques esprits chagrins m'ont demandé s'il se passait quelque chose de «pas catholique» entre nous. C'est vous dire à quel point l'amitié entre un homme et une femme peut faire jaser!

Cela nous a tout de même donné l'idée d'écrire quelques lignes sur l'amitié. Non pour nous excuser de vivre une si belle et authentique amitié, malgré les 50 années qui nous séparent, mais pour valoriser l'amitié en général.

Oh! là! là! Je sens, Benoît, que vous désirez mettre cartes sur table en ce qui concerne l'amitié. Avec tous les amis que vous avez, c'est un peu normal. J'ai hâte de vous entendre. Mais dites-moi, qu'est-ce que l'amour, l'amitié?

Est-ce qu'aimer et être aimé est tellement sacré qu'on ne puisse pas s'en passer? J'avoue qu'il m'est arrivé de vivre des moments où les amis étaient distants, où l'amour d'un homme n'était pas présent dans ma vie. C'est alors que j'ai compris l'expression «être une âme en peine». Heureusement, ma fille et mes élèves réussissaient, sans le savoir, à combler ce vide. Une phrase de Christian Bobin résume bien l'état que donne le bonheur de vivre des relations épanouissantes, tant sur le plan amical qu'amoureux. «La certitude d'avoir été un jour une fois aimé, c'est l'envol définitif du cœur vers la lumière.»

Benoît: J'ai, paraît-il, beaucoup d'amies au féminin, et j'en ai tout autant au masculin. Et j'y tiens. Non, je ne me plains pas. Des amis, j'en ai en quantité. Des jeunes, des moins jeunes, des célibataires, des couples, des hétérosexuels et des homosexuels. Si, dans quelques situations, plutôt rares je crois, il m'est arrivé d'être maladroit ou léger, jamais je n'ai été infidèle. Mes amis, même s'ils me quittent ou m'oublient, je les aime encore, je les aimerai toujours... Aimer! Le verbe, le mot le plus important de toutes les langues, de toutes les littératures et de toutes les religions. Nous l'avons déjà dit d'ailleurs...

Mais vous êtes jeune, Sophie. Je vous soupçonne d'avoir beaucoup d'amis!

Sophie: Pas autant que vous!

Il est bien triste de perdre des amitiés qu'on croyait sincères. Non par la mort, ce serait presque moins triste, mais à cause de divergences d'opinions, de valeurs.

C'est pourquoi j'ai toujours eu peu d'amis. J'ai toujours préféré la qualité à la quantité.

Mais pour vous, un prêtre catholique, quel handicap! On vous a tellement dit de vous méfier de l'amour, des femmes surtout, «celles par qui le malheur arrive». En principe, les prêtres de votre espèce ont trop peur ou pas assez peur d'aimer.

Benoît: J'ai souvent réfléchi sur l'amitié et l'amour. Et j'ai découvert que l'amitié est comme l'air que chacun respire.

Aimer... en ne décidant pas ce qui est bon pour nos amis, en respectant leurs tensions et pulsions de tout genre et en ne s'immisçant pas dans leurs décisions finales, d'une façon ou d'une autre. «Qu'il est difficile d'aimer» chante Vigneault. Pour moi, cela est encore vrai à cause des ambiguïtés qui sont rattachées à ma condition de prêtre en devoir d'aimer tout le monde.

Vous, Sophie, vous avez été mariée, vous avez incarné l'amour autrement que moi. Est-ce plus difficile d'aimer?

Sophie: Vous allez être surpris... Quelquefois, il est difficile de cesser d'aimer. Dans mon cas, comment cesser d'aimer celui en qui j'avais mis mes espoirs, avec qui j'avais fait un enfant avec toute mon âme, sans un regard pour les difficultés possibles. L'avenir m'appartenait. La femme forte de l'Évangile, c'était moi. Quand tout s'est écroulé, le plus difficile, oui, ça a été d'arrêter d'aimer cet homme, lui qui disait «la vie continue» et qui avait déjà donné son cœur à une autre. On dit qu'après un divorce, la guérison prend jusqu'à cinq ans et je le crois volontiers. Aimer... c'est ma dynamo, mon moteur, la force de toute ma vie. Et malgré mon jeune âge, j'ai appris à éclipser les amis qui sont avares de leur écoute, qui ne viennent se servir que pour mieux repartir...

La véritable amitié est difficile, Benoît. Pas seulement pour les prêtres, mais pour tous ceux qui sont soucieux de développer des relations authentiques. Et c'est tellement rare d'en rencontrer de nos jours.

Je m'entoure maintenant de gens intéressants, curieux et intègres.

Quand j'aime quelqu'un, je l'aime totalement. Si je suis certaine de son amitié indéfectible, peu importe si cet ami téléphone rarement ou s'il me délaisse pour un certain temps.

L'important, c'est que je bénéficie de sa présence, aux moments agréables comme aux moments difficiles. Et quand je lui parle de mes rêves et de mes projets, il faut que cet ami y croie aussi fort que moi.

Benoît: Je reconnais la passionnée en vous!

Sophie: C'est là où j'en suis dans mes réflexions sur l'amitié. Ce qui ne m'empêche pas de faire des erreurs involontaires ou de négliger quelques amis qui sont sûrement déçus par le peu de temps que je leur accorde. Je vous porte, à vous aussi, Benoît, une amitié indéfectible.

Benoît: À l'âge que j'ai, l'épreuve du temps sera courte!

Sophie: Vous êtes incorrigible!

Benoît: Ça me rappelle que j'ai enseigné les Arts d'aimer, de l'Antiquité à aujourd'hui, en commençant par Aristote, Platon, Ovide, Cicéron et d'autres précurseurs d'Erich Fromm. J'y ai appris ce que vous savez sûrement. Il y a plus d'amour à donner qu'à recevoir!

Sophie: Je l'ai toujours dit! L'Église est plus encline à la théorie qu'à la pratique!

Voyons, enseigner l'amour, c'était peut-être vous substituer à une réalité qui vous faisait peur, ainsi qu'à la gent ecclésiale!

Benoît: Touché!

Sophie: Heureusement que je vous connais et que je sais qui vous êtes, dévoué, altruiste et profondément aimant, car je serais secouée de rire jusqu'à demain, sachant qu'aimer, ça s'est déjà enseigné!

Benoît: Mais vous, après un divorce, seriez-vous prête à accueillir un nouveau mari?

Sophie: Ce sujet est trop personnel pour qu'on en discute, mais je vous dis simplement que, si le mariage se présentait à moi comme une nouvelle chance d'amour, je risquerais encore le tout pour le tout. Vos moralistes, obsédés par la pérennité du sacrement du mariage, ont oublié de penser et de dire qu'être aimé de nouveau apporte un tel réconfort, un tel baume. J'ai noté, entre autres quand vous avez célébré vos 80 ans, que vous avez énormément d'amis auxquels vous tenez beaucoup. Mais je sais aussi votre tristesse de n'avoir pu conserver certains autres. En avez-vous perdu beaucoup? Voilà qui me surprendrait. On ne doit pas avoir le goût de vous perdre.

Benoît: C'est arrivé, ça arrive et ça arrivera.

Sophie: J'ai tout compris. Quand vous êtes laconique comme cela, c'est que vous avez eu beaucoup de peine. Et ceux qui sont morts? Restent-ils à jamais présents dans vos pensées?

Benoît: Vous touchez un point important: la présence réelle. Mon père, ma mère, déjà partis, à la fois présents et lointains. C'est difficile à imaginer. Il en est qui pour moi sont vraiment là. Je le crois et je le sais, au-delà de toute imagination.

Le Christ, la Vierge Marie, saint Dominique, Thérèse de Lisieux.

Sophie: Ceux que vous nommez sont un peu inoffensifs. Que dites-vous de la tendresse en amitié?

Benoît: Elle fut et elle est présente dans mes amitiés. Mais ce n'est pas une satisfaction charnelle. L'amour que je porte à mes amis est éternel, infini. Là est la tendresse. J'en veux aux caricatures de relations réduites aux seules dimensions nocturnes ou physiques. L'amitié est un lien à la fois discret, admiratif et concret.

Sophie: Mais vous, Benoît, croyez-vous que l'amour soit si sacré, vous qui ne le pratiquez que partiellement... que spirituellement?

Benoît: Quand même! Je ne suis pas un ange. Et je ne veux pas être un ange. Ah! j'en aurais long à dire sur l'amour en tant que forme vivante du sacré, mais je crains d'être théorique. La dialectique cléricale n'en finit pas de répéter ce qu'elle a dit la veille. Mais je pourrais vous répondre que je considère que l'amour est sacré au départ et, comme tel, il n'a pas besoin — pas encore en tous cas, regardez les enfants! — des ébats amoureux si chers à certains adultes voyeurs. Sacré est cet amour des enfants, des gens âgés, des malades qui aiment énormément sans passer par l'explosion érotique contemporaine. L'amour, le vrai, ou l'amitié, s'accommodent des distances et de l'invisible. Le physique passe, l'esprit dure. Le corps languit, le cœur se conditionne.

Je pense tout à coup à ces amours courtoises de mes plus joyeux troubadours du Moyen Âge qui s'amourachent à distance d'une princesse qu'ils n'ont jamais vue.

Sophie: Un midi, moi aussi, j'ai vécu une amitié semblable dans votre bureau.

La photo de Mireille Lanctôt, qui nous l'avons dit, a été recherchiste à l'émission *Second regard* à Radio-Canada et qui est morte en 1984, à 31 ans, a attiré mon regard. Vous m'en avez parlé — parce que vous l'avez connue — et vous m'avez prêté de ses écrits. J'ai vécu une communion, une connivence d'esprit avec cette femme dont je n'avais jamais entendu parler avant. Je tremblais en lisant ses propos sur l'humain, la solitude et la création. Le moment où j'ai «connu» Mireille Lanctôt est sacré. J'ai cru que si elle était encore vivante, je m'entendrais bien avec cette femme.

Des moments comme ceux-là donnent l'impression de toucher le sacré, comme l'œuvre de Michel-Ange, *La création d'Adam*, où l'on voit l'homme essayer de toucher Dieu du bout des doigts.

Benoît: J'avoue aimer notre amitié à cause de ce que vous êtes: bonne, chaleureuse, maternelle, intelligente et perspicace.

Sophie: Applaudissements et rappels!

C'est difficile pour moi de vous dire, après tout cela, que vous êtes un tantinet idéaliste, même si je vous porte une grande amitié!

Benoît: Les mots, les gestes sont souvent réducteurs de notre pensée. C'est pourquoi nos silences et nos itinéraires si différents ne s'interposent pas entre nous.

L'amitié qui est la nôtre respire l'espace, la liberté, la proximité intérieure. Je vous aime, Sophie, et j'aime mes amis comme le vent aime la plaine, comme Dieu aime sa création, comme le Christ aime sa communauté. Pardonnez ce langage biblique, mais c'est dit en toute humilité!

Sophie: Votre prose, je commence à m'y faire, cher Benoît! Chacun ses manières!

En effet, votre amitié, Benoît, n'est semblable à aucune autre que je vis. En tout ou en partie, notamment à cause de nos âges. J'ai bien une amie, Clémence, qui a 60 ans et que j'aime beaucoup, mais vous, à 80 ans, prêtre en plus, non! À cause de votre culture immense, de votre humour et de votre compassion bien discrète, de tout ce que vous avez connu et dont vous me faites part, je vous porte maintenant une amitié curieuse et enjouée.

Et je me surprends à dire en vous regardant, moi qui voulais mourir jeune, que vieillir n'est pas si tragique. Je pourrais en prendre encore quelques années!

Benoît: Eh bien! j'aurai au moins servi à cela, à vous montrer que la vieillesse vaut la peine d'être vécue!

Sophie: Vous êtes un ami, mais aussi, une sorte de grand-oncle ou de grand-père, je ne sais trop comment vous dire. Je suis honorée d'être votre amie, mais je me pose encore la question: «Qu'est-ce que mes 30 ans peuvent bien vous faire connaître? Ou envier?»

Benoît: Mais j'ai déjà eu 30 ans, jeune dame! Je ne comprends pas que certains milieux se soient tant méfiés de l'amour et de l'amitié. Quand Dieu a-t-il défendu d'aimer? Mon plus grand ami, c'est-à-dire celui qui occupe le plus d'espace et de temps jusqu'à inclure l'éternité, c'est le Christ.

Sophie: Ce n'est pas une amitié trop accaparante et vous êtes certain de toujours avoir raison!

Benoît: Cette amitié n'est pas acquise, Sophie. Le Christ humain m'inspire de l'admiration à cause de tout ce qu'il a pu susciter d'amour chez les autres.

Je crois qu'il m'aime aussi. En tout cas, je le trouve à mon égard patient, tolérant et d'une miséricorde extrême pour m'endurer avec autant de limites humaines et spirituelles.

Sophie: Peut-être qu'en vous voyant, il se dit qu'il gagne son ciel, lui aussi!

Blague à part, moi qui ai une haute estime de vous, je trouve que vous en mettez un peu. Vous êtes loin d'être un saint, mais vous n'êtes pas aussi terrible que vous semblez vouloir nous le faire croire. Laissez tomber votre fausse modestie. N'oubliez pas que «Dieu sonde les cœurs»!

Benoît: C'est bien de calmer ma fausse modestie.

Sophie: C'est un réflexe de prêtre et je vous pardonne. Parlez-moi encore de votre amitié pour le Christ. Une amitié aussi extraterrestre me fascine.

Benoît: Je crois que si j'aime autant l'amour et les gens, c'est à cause de lui. Parce qu'il est allé au bout de ses amitiés.

N'a-t-il pas dit à Judas: «Mon ami, fais ta besogne»?

Sophie: Moi aussi, j'aime le Christ, mais d'une autre manière. C'est l'humain qui, en lui, m'attire le plus. Aujourd'hui, je le vois, dans ma salle de cours, enseignant, questionnant, respectant. Chez mes élèves. Chez les adultes à qui j'enseigne au diocèse de Saint-Jérôme, dont le Christ a bouleversé toute la vie.

Benoît: Il y a un art d'aimer, une science de l'amour qui s'enseigne. Si je veux d'abord recevoir plutôt que de donner, si je me valorise plutôt que d'accepter l'autre, je perdrai des amis. J'en ai perdu en cours de route et par ma faute. J'espère que nous ne nous perdrons pas, Sophie!

Sophie: Je veillerai au grain, en tout cas!

Benoît: Après avoir travaillé avec vous, Sophie, et après avoir relu nos propos, je me rends compte que tel est pris qui croyait prendre... Je n'ai pas toujours eu raison! Hélas! Mais j'ai une certitude: Sophie est mon amie. Elle m'aime, je l'aime.

Sophie: Et moi, Benoît, je vous aime aussi. Beaucoup.

Et s'il y a une chose que je retiens de nos entretiens, c'est qu'il ne sert à rien de garder sa vie pour soi. C'est lorsqu'on la donne aux autres, qu'on est écoute et compassion, qu'elle est véritablement vécue.

Vous en êtes un témoignage vivant, convaincant.

Merci, Monsieur Benoît Lacroix!

... j'ai appris qu'il y a des gens
dont on peut faire le tour en une soirée,
en une semaine ou en une année,
alors qu'il en est d'autres dont on n'arrive
jamais à épuiser les richesses.
Chez ces derniers, il se passe
à chaque instant, quelque chose...
Avec les personnes plus simples,
les relations sont également plus simples
et se fondent exclusivement
sur la sympathie réciproque
ou parfois l'attachement...

NINA BERBEROVA
C'est moi qui souligne
Éditions Actes Sud, 1989

TABLE DES MATIÈRES

Ouvrages parus aux Éditions de l'Homme

* La planification fiscale étape par étape, Diane Blais et Michel Lanteigne
* Prévoir les belles années de la retraite, Michael Gordon
  Le rapport Popcorn, Faith Popcorn
* Les secrets d'une succession sans chicane, Justin Dugal
  La taxidermie moderne, Jean Labrie
* Les techniques de jardinage, Paul Pouliot
  Techniques de vente par téléphone, James D. Porterfield
* Tests d'aptitude pour mieux choisir sa carrière, Linda et Barry Gale
* Tout ce que vous devez savoir sur le condominium, Robert Dubois
  Une carrière sur mesure, Denise Lemyre-Desautels
  L'univers de l'astronomie, Robert Tocquet
  Un paon au pays des pingouins, B. Hateley et W. H. Schmidt
  La vente, Tom Hopkins

Affaires publiques, vie culturelle, histoire

* Antiquités du Québec — Objets anciens, Michel Lessard
* Apprécier l'œuvre d'art, Francine Girard
* Autopsie d'un meurtre, Rick Boychuk
* La baie d'Hudson, Peter C. Newman
* Banque Royale, Duncan McDowall
* Claude Léveillée, Daniel Guérard
* Les conquérants des grands espaces, Peter C. Newman
* Dans la fosse aux lions, Jean Chrétien
* Dans les coulisses du crime organisé, A. Nicasso et L. Lamothe
* Le déclin de l'empire Reichmann, Peter Foster
* De Dallas à Montréal, Maurice Philipps
* Deux verdicts, une vérité, Gilles Perron et Daniel Daignault
* Les écoles de rang au Québec, Jacques Dorion
* Étoiles et molécules, Élizabeth Teissier et Henri Laborit
  La généalogie, Marthe F. Beauregard et Ève B. Malak
  Gilles Villeneuve, Gerald Donaldson
  Gretzky — Mon histoire, Wayne Gretzky et Rick Reilly
* Les insolences du frère Untel, Jean-Paul Desbiens
* Jacques Parizeau, un bâtisseur, Laurence Richard
* Moi, Mike Frost, espion canadien..., Mike Frost et Michel Gratton
* Montréal au XXe siècle — regards de photographes, Collectif dirigé par Michel Lessard
  Montréal, métropole du Québec, Michel Lessard
* Les mots de la faim et de la soif, Hélène Matteau
* Notre Clémence, Hélène Pedneault
* Objets anciens du Québec — La vie domestique, Michel Lessard
* Option Québec, René Lévesque
  Parce que je crois aux enfants, Andrée Ruffo
* Pierre Daignault, d'IXE-13 au père Ovide, Luc Bertrand
* Plamondon — Un cœur de rockeur, Jacques Godbout
* Pleins feux sur les... services secrets canadiens, Richard Cléroux
* Pleurires, Jean Lapointe
  Québec, ville du Patrimoine mondial, Michel Lessard
* Les Quilico, Ruby Mercer
  René Lévesque, portrait d'un homme seul, Claude Fournier
  Sauvez votre planète!, Marjorie Lamb
* La sculpture ancienne au Québec, John R. Porter et Jean Bélisle
  La stratégie du dauphin, Dudley Lynch et Paul L. Kordis
* Le temps des fêtes au Québec, Raymond Montpetit
* Trudeau le Québécois, Michel Vastel
* Un amour de ville, Louis-Guy Lemieux

Cuisine et nutrition

  Les aliments et leurs vertus, Jean Carper
  Les aliments qui guérissent, Jean Carper
  Le barbecue, Patrice Dard
* Bien manger sans se serrer la ceinture, Marie Breton
* Biscuits et muffins, Marg Ruttan

Techniques du billard, Robert Pouliot
* **Le tennis,** Denis Roch
* **Le tissage,** Germaine Galerneau et Jeanne Grisé-Allard
 Tous les secrets du golf selon Arnold Palmer, Arnold Palmer
 La trompette sans professeur, Digby Fairweather
* **Les vacances en famille: comment s'en sortir vivant,** Erma Bombeck
 Le violon sans professeur, Max Jaffa
 Voir plus clair aux échecs, Henri Tranquille et Louis Morin
 Le volley-ball, Fédération de volley-ball

Psychologie, vie affective, vie professionnelle, sexualité

 20 minutes de répit, Ernest Lawrence Rossi et David Nimmons
 1001 stratégies amoureuses, Marie Papillon
 À dix kilos du bonheur, Danielle Bourque
 L'adultère est un péché qu'on pardonne, Bonnie Eaker Weil et Ruth Winter
* **Aider mon patron à m'aider,** Eugène Houde
 Aimer et se le dire, Jacques Salomé et Sylvie Galland
 À la découverte de mon corps — Guide pour les adolescentes, Lynda Madaras
 À la découverte de mon corps — Guide pour les adolescents, Lynda Madaras
 L'amour comme solution, Susan Jeffers
* **L'amour, de l'exigence à la préférence,** Lucien Auger
 Les anges, mystérieux messagers, Collectif
 Apprendre à dire non, Marcelle Lamarche et Pol Danheux
 L'approche émotivo-rationnelle, Albert Ellis et Robert A. Harper
 L'art de parler en public, Ed Woblmuth
 L'art d'être parents, Dr Benjamin Spock
 Balance en amour, Linda Goodman
 Bélier en amour, Linda Goodman
 Bientôt maman, Janet Whalley, Penny Simkin et Ann Keppler
* **Le bonheur au travail,** Alan Carson et Robert Dunlop
 Cancer en amour, Linda Goodman
 Capricorne en amour, Linda Goodman
 Ces chers parents!..., Christina Crawford
* **Ces hommes qui méprisent les femmes... et les femmes qui les aiment,** Dr Susan Forward et Joan Torres
 Ces visages qui en disent long, Jeanne-Élise Alazard
 Changer en douceur, Alain Rochon
 Changer ensemble — Les étapes du couple, Susan M. Campbell
 Changer, oui, c'est possible, Martin E. P. Seligman
 Les clés du succès, Napoleon Hill
 Comment aider mon enfant à ne pas décrocher, Lucien Auger
 Comment communiquer avec votre adolescent, E. Weinhaus et K. Friedman
 Comment faire l'amour sans danger, Diane Richardson
* **Comment parler en public,** S. Barrat et C. H. Godefroy
 Comment s'amuser à séduire l'autre, Lili Gulliver
 Le complexe de Casanova, Peter Trachtenberg
* **Comprendre et interpréter vos rêves,** Michel Devivier et Corinne Léonard
 La côte d'Adam, M. Geet Éthier
 Découvrez votre quotient intellectuel, Victor Serebriakoff
 Découvrir un sens à sa vie avec la logothérapie, Viktor E. Frankl
 Le défi de vieillir, Hubert de Ravinel
* **De ma tête à mon cœur,** Micheline Lacasse
 La dépression contagieuse, Ronald M. Podell
 La deuxième année de mon enfant, Frank et Theresa Caplan
 Devenez riche, Napoleon Hill
* **Dieu ne joue pas aux dés,** Henri Laborit
 Les douze premiers mois de mon enfant, Frank Caplan
 Dynamique des groupes, Jean-Marie Aubry
 En attendant notre enfant, Yvette Pratte Marchessault
* **Les enfants de l'autre,** Erna Paris
 Les enfants de l'indifférence, Andrée Ruffo
* **L'enfant unique — Enfant équilibré, parents heureux,** Ellen Peck
 L'Ennéagramme au travail et en amour, Helen Palmer
* **L'esprit du grenier,** Henri Laborit
 Êtes-vous faits l'un pour l'autre?, Ellen Lederman

**le jour,
éditeur**

Ouvrages parus au Jour

Ésotérisme, santé, spiritualité

L'astrologie pratique, Wofgang Reinicke
Dans l'œil du cyclone, Collectif
Le grand livre de la cartomancie, Gerhard von Lentner
Jeûner pour sa santé, Nicole Boudreau
Le nouveau livre des horoscopes chinois, Theodora Lau
Où habite le bon Dieu?, Marc Gellman et Thomas Hartman
La parole du silence, Laurence Freeman
* **Pour en finir avec l'hystérectomie,** Dr Vicki Hufnagel et Susan K. Golant
Le pouvoir de l'auto-hypnose, Stanley Fisher
Prodiges et mystères de la vie avant la naissance, Dr P. W. Nathanielz
Questions réponses sur la maladie d'Alzheimer, Dr Denis Gauvreau et Dr Marie Gendron
Questions réponses sur la ménopause, Ruth S. Jacobowitz
Questions réponses sur les matières grasses et le cholestérol, M. Brault-Dubuc et L. Caron-Lahaie
Renaître, Billy Graham
Sagesse amérindienne, Dhyani Ywahoo
Un mot dans le silence, un mot pour méditer, John Main
Le vol de l'oiseau migrateur, Joseph Campbell

Psychologie, vie affective, vie professionnelle, sexualité

L'accompagnement au soir de la vie, Andrée Gauvin et Roger Régnier
Adieu, Dr Howard M. Halpern
L'agressivité créatrice, Dr George R. Bach et Dr Herb Goldberg
Aimer, c'est choisir d'être heureux, Barry Neil Kaufman
Aimer son prochain comme soi-même, Joseph Murphy
Les âmes sœurs, Thomas Moore
L'amour lucide, Gay Hendricks et Kathlyn Hendricks
L'amour obession, Dr Susan Foward
Apprendre à vivre et à aimer, Léo Buscaglia
Arrête! tu m'exaspères — Protéger son territoire, Dr George Bach et Ronald Deutsch
L'art d'engager la conversation et de se faire des amis, Don Gabor
L'art de vivre heureux, Josef Kirschner
L'autosabotage, Michel Kuc
La beauté de Psyché, James Hillman
Le bonheur, c'est un choix, Barry Neil Kaufman
Le burnout, Collectif
Célibataire et heureux!, Vera Peiffer
Ces hommes qui ne communiquent pas, Steven Naifeh et Gregory White Smith
C'est pas la faute des mères!, Paula J. Caplan
Ces vérités vont changer votre vie, Joseph Murphy
Chocs toniques, Eric Allenbaugh
Choisir qui on aime, Howard M. Halpern
Les clés pour lâcher prise, Guy Finley
Comment acquérir assurance et audace, Jean Brun
Comment apprendre l'autodiscipline aux enfants, Thomas Gordon
Comment faire l'amour à la même personne pour le reste de votre vie, Dagmar O'Connor
Comment faire l'amour à une femme, Michael Morgenstern
Comment faire l'amour à un homme, Alexandra Penney
Comment faire l'amour ensemble, Alexandra Penney
Comment peut-on pardonner?, Robin Casarjian
Communication efficace, Linda Adams
Le courage de créer, Rollo May
Créez votre vie, Jean-François Decker
La culpabilité, Lewis Engel et Tom Ferguson
Le défi de l'amour, John Bradshaw
Dire oui à l'amour, Léo Buscaglia

Dominez les émotions qui vous détruisent, Dr Robert Langs
Dominez vos peurs, Vera Peiffer
La dynamique mentale, Christian H. Godefroy
Éloïse, poste restante, Loïse Lavallée
Les enfants dictateurs, Fred G. Gosman
Les enfants hyperactifs et lunatiques, Dr Guy Falardeau
Êtes-vous parano?, Ronald K. Siegel
L'éveil de votre puissance intérieure, Anthony Robins
* **Exit final — Pour une mort dans la dignité,** Derek Humphry
Focusing au centre de soi, Dr Eugene T. Gendling
La famille, John Bradshaw
* **La famille moderne et son avenir,** Lyn Richards
La fille de son père, Linda Schierse Leonard
La Gestalt, Erving et Miriam Polster
Le grand voyage, Tom Harpur
L'héritage spirituel d'une enfance difficile, Josef Kirschner
L'influence de la couleur, Betty Wood
Je ne peux pas m'arrêter de pleurer, John D. Martin et Frank D. Ferris
Lâcher prise, Guy Finley
Leaders efficaces, Thomas Gordon
* **Les manipulateurs,** E. L. Shostrom et D. Montgomery
Messieurs, que seriez-vous sans nous?, C. Benard et E. Schlaffer
Mieux vivre avec nos adolescents, Richard Cloutier
Le miracle de votre esprit, Dr Joseph Murphy
Née pour se taire, Dana Crowley Jack
Ni ange ni démon, Stephen Wolinsky
Nouvelles relations entre hommes et femmes, Herb Goldberg
Option vérité, Will Schutz
L'oracle de votre subconscient, Dr Joseph Murphy
Parents au pouvoir, John Rosemond
Parlez pour qu'on vous écoute, Michèle Brien
Paroles de jeunes, Barry Neil Kaufman
La passion de grandir, Muriel et John James
Pensées pour lâcher prise, Guy Finley
* **La personnalité,** Léo Buscaglia
Peter Pan grandit, Dr Dan Kiley
Le pouvoir créateur de la colère, Harriet Goldhor Lerner
Le pouvoir de la motivation intérieure, Shad Helmstetter
La puissance de la pensée positive, Norman Vincent Peale
La puissance de votre subconscient, Dr Joseph Murphy
* **Quand l'amour ne va plus,** Ann Jones et Susan Schechter
Quand on peut on veut, Lynne Bernfield
Questions réponses sur le plaisir sexuel de la femme, D. Brouillette et M. C. Courchesne
* **La rage au cœur,** Martine Langelier
Rebelles, de mère en fille, Linda Schierse Leonard
Réfléchissez et devenez riche, Napoleon Hill
Retrouver l'enfant en soi, John Bradshaw
S'affirmer — Savoir prendre sa place, R. E. Alberti et M. L. Emmons
S'affranchir de la honte, John Bradshaw
S'aimer ou le défi des relations humaines, Léo Buscaglia
S'aimer sans se fuir, Roy F. Baumeister
Savoir quand quitter, Jack Barranger
Les secrets de la communication, Richard Bandler et John Grinder
Se faire obéir des enfants sans frapper et sans crier, B. Unell et J. Wyckoff
Seuls ensemble, Dan Kiley
La sexualité des jeunes, Dr Guy Falardeau
Le succès par la pensée constructive, Napoleon Hill
La survie du couple, John Wright
Triomphez de vous-même et des autres, Dr Joseph Murphy
* **Un homme au dessert,** Sonya Friedman
* **Uniques au monde!,** Jeanette Biondi
Vivre à deux aujourd'hui, Collectif sous la direction de Roger Tessier
Vivre avec passion, David Gershon et Gail Straub
Les voies de l'émerveillement, Guy Finley
Votre corps vous parle, écoutez-le, Henry G. Tietze
Vouloir vivre, Andrée Gauvin et Roger Régnier
Vous êtes vraiment trop bonne…, Claudia Bepko et Jo-Ann Krestan